あなたの会社、その働き方は幸せですか？

立命館アジア太平洋大学（APU）学長
出口治明

認定NPO法人WAN
ウィメンズアクションネットワーク理事長
上野千鶴子

祥伝社

あなたの会社、
その働き方は
幸せですか？

はじめに

人間は、何のために生きているのでしょうか？

生物学的に述べれば、それは、次の世代に命をつなぐためだと思いますが、人間は心を持っています。心を起点に考えてみれば、一人ひとりが、自分のやりたいことや好きなことに取り組める人生が一番素晴らしい人生だと思います。しかし、人間は一人では生きていけません。共同生活を営むことによって、ホモ・サピエンスは社会性を養ってきた動物です。

ホモ・サピエンスの20万年の歴史を振り返ってみれば、男も女も元気なうちは等しく働き、育児や家事や介護は社会全体でサポートして、男も女も等しく分担してきたことがよくわかります。

ところが、現在の日本はかなりホモ・サピエンスの常識から逸脱した社会です。

性差別が先進国の中では最も厳しい社会で、それは「121位ショック」（世界経済フォーラムのジェンダー・ギャップ指数で、2019年に153カ国中121位となった事実を指す）という言葉に象徴されています。

いまだに、「男は仕事、女は家庭」というアンコンシャス・バイアスが色濃く残っています。そのことが、少子化や経済の停滞という大きな社会的コストを支払う結果となっているのですが、多くの人々はまだそのことに気づいてはいません。性差別が家庭に次いで一番根強く残っている分野の一つが職場であり、言い換えれば働き方です。

しかし、2020年に全世界を襲ったコロナ禍は、我が国の男性優位の働き方を大きく変えつつあります。テレワークやオンライン会議などの普及は、性差別を一変させる起爆力を秘めています。

このようなタイミングで、尊敬する上野千鶴子先生と一緒に、これからの働き方についての本を出版することができたことは望外の幸せです。

私事にわたりますが、上野先生と僕は大学の同期です。もちろん、学部が違いますので、学生時代に面識はありませんでした。上野先生が時代を切り裂く名著を出版されるたび、クラスやゼミの友人たちと「同期の希望の星やなぁ」と噂していたことを懐かしく思い出します。上野先生の胸を借りるつもりでぶつかってできあがったのがこの本です。

僕は、性別フリー、年齢フリー、国籍フリーで働くのが、ホモ・サピエンス本来の在り方であり、これからの社会が目指すべき働き方だと考えています。個人差は、性差や年齢差をやすやすと超えるのです。人間は一人ひとり顔かたちが異なるように、「みんな違って当たり前」なのです。

この本が、職場や会社で働き方に悩んでいる皆さんを少しでも元気づけることができれば、それに勝る喜びはありません。最後に、この本の出版企画を持ち込んでくださった祥伝社の沼口裕美さん、素晴らしい文章に整理してくださったライターの今泉愛子さんに、厚くお礼を申し上げたいと思います。沼口さん、今泉さん、本当にありがとうございました。皆さんの忌憚《きたん》のないご意見をお待ちしています。

（宛先）hal.deguchi.d@gmail.com

２０２０年11月

立命館アジア太平洋大学（ＡＰＵ）学長　出口治明

あなたの会社、その働き方は幸せですか？／目次

第1章　日本人の働き方、日本型経営を変えるには？

第2章 これからの働き方を考える

第3章　私はこう働いてきた
――上野千鶴子さんに聞きました

組織の中で働くこと　138

自分を育て直す　148

私とフェミニズム　154

モチベーションは自分で作る　193

働く人に伝えたいこと　205

第5章　幸せに働くためにどう学ぶのか

協力　大滝夏美（立命館アジア太平洋大学）
ブックデザイン　鈴木成一デザイン室
ＤＴＰ　（株）キャップス
撮影　徳永 彩（KiKi inc.）
撮影協力　ＢＡＳＥＱ
編集協力　今泉愛子

本書の対談、取材は２０２０年７月から９月にかけて行ないました。

第1章

日本人の働き方、日本型経営を変えるには？

コロナ後、働き方はどうなる？

テレワークは上司や会社の無能ぶりをあぶり出す

出口　新型コロナウイルス感染症対策の一環として、テレワークがすごく盛んになりました。

上野　その通り。それに対面でミーティングをやるだけなら貸会議室で済みますから、都心に高いコストでオフィスを維持する理由がなくなりますね。

出口　一方で、テレワークだと生産性が下がるから、やっぱりみんなを集めて仕事をしないと、と考えている大企業も山ほどあるといわれています。

上野　どういう人たちですか？　業種によるんでしょうか。

出口　伝統的な大企業が多いようです。テレワークの特徴の一つは、働く人の能力がモロに見えることだと思います。

上野　働きぶりは見えなくても、成果物がはっきり見えるということですね。

出口　はい。しかも部下だけではなく上司の能力も見えます。

僕が日本生命にいた時、課長が係長を集めて「こんなものを作りたいんや」と言うと、係長たちは、「課長の言ったことはこういう意味やからこういう資料を作ろう」とみんなで相談して、それなりにいいものを作っていました。

上野　課長の意向を忖度《そんたく》して？

出口　はい。でもテレワークになったら、こんな仕事の仕方はできません。上司が自分の求めるアウトプットをしっかりイメージして部下に仕事を仕分けないと、テレワークは成立しないのです。

上野　シンクタンクでアルバイトをしていた大学院時代に、それは経験しました。クライアントがアウトプットのイメージがないまま指示を出すと、相手が何を求めているか自分たちで考えなくてはいけないので、ものすごく面倒なんです。クライアントも能力が試されます。

会社でも上司が適切な指示を出せるかどうかで、生産性がものすごく違ってくるでしょうね。

出口　僕は口が悪いので次のように言っているんです。テレワークで生産性が落ちたから、やっぱりオフィスにみんなで集まって仕事をしようという会社は、経営者も管理職も無能力だと自ら宣言しているようなものだと。

新型コロナ対策でテレワーク、要するにデジタル化が加速されたことは、社会が変わる必要条件で、リーダーの考え方やメディアの課題指摘能力が十分条件です。十分条件が欠如すると元に戻ってしまう可能性もありますから、テレワークが浸透したことで改革が進むと喜ぶのはまだ早い。ポストコロナの時代は、テレワークを積極的に活用しようとする会社と、元に戻ろうとする会社に二極化すると思います。

上野　新しい取り組みを進める企業と、旧来型の企業と。そこで旧来型の企業が淘汰されたらいいのですが、なかなか淘汰されません。

出口　長く続いている大企業はシェアが大きいので、それに替わる新しい産業が生まれない限り、簡単には淘汰されないでしょうね。国内にＧＡＦＡ（グーグル、アップル、フェイスブック、アマゾン）クラスの新興企業が一つでも出てくれれば、新陳代謝がもっとよくなるのですが。

上野 まさに黒船襲来ですね。

家庭に居場所がないのは働かないから

出口 あるパネルディスカッションで、共に家で仕事をするようになり、旦那さんが昼に「おい、飯《めし》」と言うのが、許せないという女性の話を聞きました。そうしたらある人が、「旦那さんはいつもお金を払ってランチを食べているんだから、せめて1000円ぐらい払ってもらったらどうか」とアドバイスをしていました。

上野 作ってくれる妻に払えと？

出口 はい。それでお昼を作ってくださいと頼めと。それが嫌なら自分で用意するしかないと。

上野 それはそうでしょう。

出口 家庭に居場所がないと言う人もいたのですが、それに対する、ある女性の意見が見事でした。

あなたが新しい会社に入ったと仮定して、仕事をしなければその会社に居場所はできないでしょうと。あなたは、家庭という家事や育児、介護現場の新入社員だから、社長である奥さんに教えてもらって頑張って仕事をすれば居場所ができますよと。

上野 うまい！　座布団1枚。

出口 でしょう？

上野 家庭に居場所がないのは、働かないから。働けば居場所ができる。

出口 はい。会社でもそうです。仕事をしなければ居場所なんかありません。家庭でも同じやでと。

上野 私は、夫婦が自宅でテレワークしていると、夫の仕事が、妻の仕事より優先されるという話を聞きました。

家の中の一番いい場所を夫が取って、妻はキッチンの隅でやるしかなく、さらに妻のテレワークは家事と子どもにいつでも寸断される。夫がＺｏｏｍ会議の時は、子どもがうるさくしないよう、外に連れ出すこともあるそうです。

出口 とんでもない話です。古代ギリシャの詩人アリストパネスの喜劇『女の平和』のように、女性がストライキを起こすといいかもしれません。あるいはそんな旦那さんは追い出すとか。

上野 夫と妻に賃金格差がなければ、追い出せます。

これまで「職場は生産の場」、「住宅は消費の場」と舞台が分かれていましたが、テレワークでは住宅に生産を組み込むようになります。消費と言っても、その実、家事・育児・介護の再生産労働、それも不払い労働という名のタダ働きでしたけどね。

いま共働き夫婦は6割超ですから、この状態が続けば、男も女も生産と再生産を何割かずつ分担するという時代になるのではないでしょうか。

再び職住一致の時代が来るかと期待しているんです。

江戸時代までは共働きが当たり前

上野 男子学生がこんなことを言っていました。「人類の初期から、男はマンモス狩りに出て、女は洞窟で赤ん坊を育てながら男が帰ってくるのを待っていた」と。栄養人類学の研究者が、古代人が何を食べていたかを研究したところ、大型動物なんてそうざらに仕留められるものではないので、キャンプ地の周りの植物や小動物が栄養の6割を占めていたとわかったそうです。

出口 女はマンモス狩りに出た男の帰りをじっと待っていたのではなく、植物や小動物を採取していました。むしろ女の働きに頼らないと生きてこられなかったんです。

ホモサピエンスが定住したのはここ1万年くらいの話で、それまでの19万年間は放浪していました。

人類学者のロビン・ダンバーによれば、150人くらいの集団で放浪していたらしいのですが、しばらくある所でキャンプをすると決めたら、子どもは一カ所に集めて、動けない人が面倒を見ていたそうです。

上野 おじいさん、おばあさんがですね。

出口 はい。それで男も女も森に入って食べものを探した。そうしないとその夜食べるものがなかったのです。

上野　働ける者はすべて働く、一家総労働団が前近代までの家族です。

出口　京都大学の元総長で、ゴリラの研究で知られる山極壽一《やまぎわじゅいち》先生が、「ホモサピエンスは集団保育によって社会性を養ってきた」と書かれている通り、人間の子どもは保育園に預けるのが当たり前なんです。男も女もずっと働いていましたから。

上野　それなのに、女は昔から男に頼って待つ存在だと信じる人がいっぱいいます。

出口　そういう偏見を打破するためにも、最低限の知識は必要です。江戸時代までは職住一致が当たり前でした。女性の地位も江戸時代までは決して低くはなかったと思っているのですが、どうでしょう？

上野　私は京都の女子短期大学で、10年間教壇に立っていました。そこで女性学を教えていたら、「先生、女が差別されてると言わはるけど、うちのお母ちゃんちゃうで、家で一番強いのはお母ちゃんやで」とよく言われました。それで私は「あんたんちサラリーマン？　お商売？」と聞くと、確実に商家でした。京都は商いの家が多いからです。

これは江戸時代からの流れです。今も商売をしている家は職住一致で、おかみさんが財布を握っているから強いんです。

出口 しかも使用人もいますから、赤ちゃんを産んでも困らない。

上野 そうです。私の教え子に嵯峨の松茸山の山主の娘がいて、毎年入札があって、一山300万円くらいの値がつきます。そういう山をいくつも持っているんです。

彼女は幼い頃から、親に「あんたは跡取り娘やから養子さんもらうんやで」と言われて育ったというので、「そんなことを親に言われて反抗せえへんの?」と聞いたら、「そんなん、その辺の男より松茸山のほうがなんぼ値打ちがあるか」って。そういうお嬢さんたちにとっては、学歴やサラリーマンの値打ちがすごく低い。

出口 僕は日本生命で最初の配属先が京都支社だったんです。若い男女の社員でお酒を飲みに行った時、理想の男性の話題になると、ある女子社員が「どんな男性でも優しかったらそれでいいけれど、お手伝いさんがいないところに行くのは嫌や」と話していて驚いたことがあります。

上野 商家の感覚はサラリーマンの感覚とはまるで違います。商人や職人の世界には専業主婦なんていません。農民の世界もそうです。彼らは職住一致ですから、家で夫の帰りを待つ妻なんているわけがありません。

一方、サラリーマンの暮らしは侍の暮らしです。通勤して、会社で上司にお仕えして帰ってきます。そして『必殺仕置人』の中村主水《もんど》のように、婿養子であっても男を戸主にしなければなりません。

出口　でも実際の武士はもう少し町人に近い存在だったと思います。

上野　そうでしょうね。武士は内職もしていましたし、町人にお金を借りたりもしていました。

武士はいい上司のもとに転職していった

出口　僕が育った三重県伊賀市は、江戸時代、藤堂藩《とうどう》（分家）の領地でした。藩祖《はんそ》の藤堂高虎《たかとら》は、浅井長政《あざいながまさ》や豊臣秀吉、徳川家康らに仕えた人物で、彼は「七度主君を変えねば武士とはいえぬ」という言葉を残しています。

つまり「二君に事《つか》えず」ではありません。真田信繁《のぶしげ》（幸村）で知られる真田家も代々、武田家、織田家、豊臣家、徳川家と主君を変えることで生き延びました。現実の武士はすごく実務的だったのです。武士は一人の上司に忠義を尽くすという発想ではなく、生き残るためにいい上司を見つけてどんどん転職していきました。

上野 なるほど。そうすると主君に命を預けるというのは、近代以降に生まれた発想ですか？

出口 はい。明治政府がネーションステート[*1]（国民国家）を作る時に、天皇制と家制度[*2]をセットにして朱子学[*3]でいわば荘厳《しょうごん》したのです。

上野 「天皇教」を国民国家の市民宗教に仕立て上げました。

出口 そこで朱子学由来の男尊女卑、家がすべてという発想が、想像の共同体（国民国家）の底層に組み込まれたと僕は考えています。

明治時代に書かれた新渡戸稲造《にとべいなぞう》の『武士道』が、おそらく現在の武士像の始まりです。キリスト教徒の新渡戸稲造は、日本でも、宗教にもとづいた倫理的規範が必要だと考えて、実際の武士ではなく頭の中で理想化した武士像を作り出しました。それが明治国家にも投影されたのではないでしょうか。

江戸時代にいた本当の武士は、もっと町人に近かった気がするのです。そういう意味でも明治時代は大きな転換期でした。

上野　明治になって伝統が作られた、まさにイギリスの歴史家ホブズボームのいう「伝統の発明」ですね。国民国家と家族制度はセットです。明治民法は完全に武家をモデルに男を戸主とする男系相続を決めました。

日本の女性の地位は、近代化と共に低下しました。当時、江戸期には武士はその家族も含めて人口の1割くらい。商人と職人も1割くらい、あとの8割が農民です。農民には、第1子の女の子が相続する姉家督や末子相続もありました。

＊1―ネーションステートという概念はフランス革命前後に成立したものと考えられる。藩が一つの行政単位であった江戸時代には「日本」という国家意識はなく、明治政府が国民国家としてまとめようとした。

＊2―家制度は1898年（明治31年）に制定された民法において規定された家族制度。親族関係を有する者で一つの戸籍に登録し、そのうちの一人を戸主とし、家族として一つの家に住まわせた。戸主には家族に対する扶養義務があった。

＊3―中国の南宋時代に、朱熹《しゅき》が儒学を拡張しまとめた哲学。封建制度を守るための思想として江戸幕府が奨励した。

それなのに明治民法は相続を男子に限定したんです。

出口　その通りです。

上野　それで夫婦関係も「夫が外、妻は内」というように変わりました。若い人は「昔からそうでしょう」と言うけれど、先ほども申し上げたように農家や商家に専業主婦がいるわけがない。

民族学者の梅棹忠夫《うめさおただお》先生は、日本の近代化には2つの選択肢があったと言っています。武士を模倣するか、町人をモデルとするか。日本は誤ってサムライゼーション（侍化）の道を歩んでしまいましたが、もしチョウニナイゼーション（町人化）の道を辿れば、もう少し違った社会ができたのに、と。本当にそうだと思います。

日本型経営、働き方を変えなくては

女性の犠牲のもとに成り立っている日本型経営

出口　この30年間で日本の名目GDP（国内総生産）の世界シェアは最も高かった時の半分以下になりました。[*4] 国民一人当たりの名目GDPも2000年には2位でしたが、このあとずっと下降し続けて2018年には26位まで落ちています。日本がどんどん貧しくなっていることは確かなのですが、名目GDPではまだ

＊4—1990年は世界のGDPに占める日本のGDPの割合は13・3%だったが、2019年は5・8%に落ち込んだ。2019年の日本のGDPは1990年と比べれば増えているが、世界各国はそれ以上に増えている。

世界3位だから、自分たちはお金持ちだと錯覚しています。名目GDPが大きくなるのは人口が多いからにすぎません。さらに労働生産性では、1970年に比較統計を取り始めてからずっとG7（主要7カ国）で最低です。

上野 ある友人がシンガポールに行ったら、えらい物価が高くてびっくりしたと。「ホテルでアフタヌーンティーを頼んだら、5000円以上取られたけれど、外国人やからぼったくられたんやろか」と言うので、スマホで検索して、シンガポールの一人当たりのGDPを見せたら、すぐに納得しました。無意識にシンガポールより日本が上やと思っていたけれど、違うんやなと。

出口 一人当たりGDPは、すでにシンガポールに抜かれているんですね。より実態を表わす一人当たり購買力平価GDPを見ると、シンガポールはおろか、日本は香港にも台湾にも抜かれていて、お隣りの韓国とほぼ横一線の状態です。G7では最下位です。

上野 日本は人口小国になったらシンガポール型を目指せばいいというシナリオももはや実現可能性は低くなっている。つまり貧しくなっていくしかないのでしょうか。

出口　日本経済がこのように停滞しているのは、製造業の工場モデルに過剰適応した男性の長時間労働という働き方を変えることができなかったからだと思います。働き方が変わっていたら、日本はもっといい社会になって、生産性も上がっていたはずです。働き方がほとんど変わらなかったことが日本社会の根源的な問題ではないでしょうか。

上野　言わせてください。女性にとっては、労働状況は変わっていないどころか悪化しています。

出口　その通りです。121位ショックが象徴的ですが、女性の地位は下がってきています。

上野　私と出口さんの共通認識は働き方が変わらなくては、働き方を変えなくては、です。出口さんはかねてから、新卒一括採用、終身雇用制、年功序列給、定年制をやめることを提言しておられます。

出口　このワンセットの労働慣行が日本型経営を支えたと認識しています。しかしこのガラパゴス的な慣行は、人口の増加と高度成長という2つの前提条件が揃わないと成り立たない仕組みでもあるのです。

上野　私はこれにもう1つ加えたい。企業内労働組合です。労働者を守るべき組合がそれぞれの企業内で組織されたことから、企業との共存共栄で生き残ってきました。労働者の味方というよりも企業の共犯者です。

出口　日本生命に入社した頃に、酒の席では、労働組合のことを考えすぎる会社と、会社以上に会社の経営を考えすぎる労働組合が団体交渉をしているのは、何か変ではないかとよく話していました。

上野　労働組合のリーダー経験者は企業の出世コースでしたね。人事管理が得意ですから、経営者に向いています。

出口　そういう面が間違いなくありますね。日本生命でも組合の幹部は出世コースです。

上野　労働組合はフェミニズム[*5]の敵でもありました。日本型経営は女性の犠牲のもとに成り立っていたと、ジェンダー[*6]研究では結論が出ています。女性を構造的・組織的に排除する効果があるからです。

労働組合は、人口が増えていた時期に失業率を抑えて、完全雇用に近い状態を達成したと言いますが、それができたのは、女を労働市場から排除したからです。女が労働市場から排除されていなければ、失業率はもっと高かったでしょう。

出口 長時間労働や年功序列などの日本型雇用慣行がやめられないのは、過去に成功体験があるからだとおっしゃる人が多いのです。だからその頃と同じことを続けていると。

でも、本当にそうなんでしょうか？　それだって誰にとっての成功だったのか。女性にとっては抑圧だったのかもしれません。

上野 成功体験だったかどうかは別として、人間は一度考えの枠組みができてしまうと、なかなか変えられないということだと思います。

惰性ですね。成功体験があると、自然とその状況に依存することは、日本に限らずどの社会にもあります。

＊5―男女の平等な権利、対等な地位を求めるための思想と社会運動のこと。

＊6―生物学的な性別に対し、社会的・文化的につくられる性別のこと。日本では、「社会的・文化的な男女の性差（にもとづく差別を是正するための取り組み）」といった話題で言及されることが多い。

出口　無意識の偏見がずっとあるような気がしています。たまたま戦後うまく復興ができたから、日本型経営が正しいという偏見が強化されたのではないでしょうか。

上野　でも、戦後の日本の高度成長を計量的に分析すれば、ほとんどが人口増と、朝鮮戦争による特需などの偶然が重なったことが実は大きいのです。

出口　歴史の偶然のおかげですね。

そうです。必ずしも日本型経営が優れていたからではありません。日本型経営が優れていたら、この30年間、正社員ベースで2000時間以上働いて平均1パーセントしか成長しないことの説明がつきません。欧米は数百時間少ない労働時間で平均2・5パーセント成長しているわけですから、真実はむしろ日本型経営は劣っていると理解すべきです。

数字を見ない、合理的経営ができない経営者

上野　経済学者の川口章さんが、差別型企業と平等型企業を比較した実証研究で、平

等型企業のほうが売上高経常利益率が高いことを明らかにしました。他にも、女性差別が少なく女性役員がいるような企業のほうが、生産性が高く、パフォーマンスがいいという実証データが上がっています。

出口 それなら差別型企業は内部改革をして平等型企業に移行するかというと、ノー。なぜなら、変わる動機がないからだと言います。

上野 僕が働いていた日本生命はずっと業界1位でした。でも一度だけ瞬間的に第一生命に抜かれたことがあって、その時、「これは看過できない」と役員がコメントしていました。

出口 それで何をしたかというと、別の生命保険会社を買収して1位を取り戻したのです。そして伝統を守ったということでした。

上野 めちゃくちゃ内向きの発想ですね。企業は、経済合理性を追求するものではないのですか。

出口 これは僕自身よくわからないところもありますが、仮説の一つは、経営者はそれほど経済合理性を考えていないということです。

上野 それでは、企業は何をもとに動いているんでしょう?

出口　一般に企業は経済合理性、つまり数字（トップラインやボトムライン）を見て動くと考えられていますが、日本の経営者は、グローバル企業の経営者に比べれば、数字よりも業界内の序列やシェアに関心を向ける人が多いのではないでしょうか。

上野　企業のトップや管理職の人に、「どうしてこんな不合理な慣習が続いているのですか？」と聞いても、彼らには危機感があるとは思えない。それがどう考えても不思議です。

出口　危機感がないのは、今までと同じことをやるほうが楽だからじゃないですか。今までと同じことをやって、同じ給与がもらえるのであれば人はなかなか変わらないように思います。

上野　追い詰められていることがわからないから？

出口　国際比較した数字をきちんと見ないからです。

上野　国内しか見ないということですか？

出口　はい。前年の売り上げが300億円で、今年は310億円。国内しか見ていなかったら、まあこんなもんやろと。働いている人たちも同じことをやり続けて同じ給与がもらえるのであれば仕事を変えようとはしない。

上野 実質所得は減り続けていますよ。

出口 その通りで、前述した一人当たり購買力平価GDPでみれば、絶対額がG7最下位であるばかりではなく、伸び率も小さい。つまりアメリカやドイツとの差は開いているのです。でも、そうしたデータを誰もみない。

加えて、物価も上がりませんから、そんなに痛みを感じないのでしょう。経営者は、業界何位とか業界シェア、社会的地位、たとえば経団連（日本経済団体連合会）企業だとか、そういうことを見て満足しています。

経常利益率や生産性の向上、あるいは従業員の給与を上げれば初めて合理的経営といえるのですが、そういう数字はあまり真剣に見ようとしないから、合理的な経営が行なえないのです。平等型企業のほうがはるかにパフォーマンスがよくても、不幸なことにそれほど大きくないので、大企業にとっては痛くもかゆくもないのでしょうね。

上野 平等型企業は新興のベンチャー等に多く、ビジネスの規模が小さいですね。

出口 アメリカのGAFAのように規模もガンガン伸びて、古い企業を淘汰していけばみんなが必死になるのですが、現状だと、ええことやっているけれどあれは小さい会社やからできることやで、と安心しきっています。

上野 おっしゃる通りだと思います。完全に閉じた世界しか見ていません。同じような話をある大企業の会長からも聞いたことがあるんです。彼も日本の大企業は横並びでお互いしか見ていない。グローバル企業の利益率は平均15パーセントだけど、日本の大企業の利益率は平均4~5パーセントと。比べものにならない。

出口 利益率はグローバル企業の3割にも満たない。

上野 それでも横並びでしか見ていないから、これでいいんだと。お互いに低位安定しているのが日本だ、とおっしゃっていました。

言語障壁と人口の多い国内マーケットに守られている日本企業

出口 バブル崩壊直前の1989年には世界のトップ企業20社のうち14社が日本の企業で占められていました。[*7]

上野 メーカーですか？

出口 ほとんどが金融とメーカーでした。だけどずっと沈み続けてきた結果、2020年10月現在ではトヨタ自動車の49位が最高です。それでも経営者は国内で横ばかりを見ていて、しかも、まだみんなにご飯を食べさせられるので、まあこれでええんやと思っているのではないでしょうか。

上野 国内市場の競争だけで生き残れるならそれでもいいかもしれません。だけど今、マーケットは国境で閉じていません。

さらに言えば、企業は消費市場と労働市場、金融市場の3つの市場で競争しなければなりませんが、女性を使えない企業は、まず消費市場で負けます。その次に、男女の労働者に魅力的な職場を提供できませんから、労働市場でも負けます。最後に、利益率が低いと投資家を惹きつけることができませんから、金融市場でも負けます。

＊7―2020年10月時点で世界時価総額企業ランキングの1位はアメリカのアップル、日本企業ではトヨタ自動車が49位で最高位。1989年は、1位NTT、2位日本興業銀行、さらに住友銀行や東京電力、トヨタ自動車など20位までに日本企業14社がランクインしていた。

つまりグローバル市場で変わらないままの日本企業が沈んでいくでしょう。まさに巨艦日本丸の沈没です。

出口 もうすでにかなり沈みかかっています。

上野 私もそう思います。

出口 頭を打ったら日本企業はきっとまた目が覚めて頑張れるという人もいます。

上野 根拠なき楽観ですね。

出口 はい。僕はもう茹でガエルになっているから、本当に温度が上がった時にはジャンプする力が残っていないと思っているのですが。

上野 はい、気がついた時にはもう手遅れかもしれない、と私も思っています。若い人によく言うんです。「日本という泥船は沈没中だから、あなたたちはこの泥船と心中しなくていい」と。「さとい小動物がさっさと逃げるみたいに、早く逃げたほうがいい。泥船と運命を共にするのは船長だけでいいから」と言ったら、日本では船長が最初に逃げるだろうと言う人がいました。日本を守っている非関税障壁の一つが言語障壁ですね。

出口 はい。それとマーケットが中途半端に大きいからです。日本は人口が減っているとはいえ、G7でも人口が1億人を超えている大国はアメリカ以外では日本しかありません。人口が1億人を超すということは、国内だけでもある程度商売ができるということになります。

上野 さらに、言語障壁に守られて外国企業が参入しにくいことから、この体質が温存されています。社会を変えようと思ったら、もっと数字をしっかり追わないといけないのですが、なかなかそうはならない。

出口 出口さんがおっしゃった新卒一括採用、終身雇用制、年功序列給、定年制、さらに私が挙げた企業内労働組合が全部セットになって均衡を保っています。差別型企業はそれで均衡を保っているので、その均衡の一角を崩すと全体に影響が及ぶから、一部だけをやめるわけにはいかない。

上野 本当はすべてを変えないといけないのですが。

今のところ不具合を感じないので、惰性で続いています。川口章さんはこれを「差別型均衡」と呼びました。社会学者の山口一男さんはもっとはっきり「劣等均衡」と呼んでいます。つまり劣った均衡でも均衡は均衡、他に優れた制度があっても変えられないまま維持し続けているのでしょう。

おじさんは再生産される

長時間職場にいると評価される日本の会社

上野　日本の企業の劣等均衡が変わらないもう一つの理由に性差別があります。おじさんたちが、自分たちの集団利益を手放したくないのではないでしょうか。

出口　その通りだと思います。しかも、無意識にそうしているのでよけいにたちが悪い。

上野　彼らがあんなに女性を入れたがらないのは、人事評価の基準が能力じゃなくて組織ロイヤリティ（忠誠心）にあるからとしか思えません。

出口　組織ロイヤリティ、もっとストレートにいえばそれは時間だと思います。

上野　そう！　日本の会社では、長時間職場にいると組織ロイヤリティが高いと評価され、そうでないと中間管理職にはなれません。だから、女性が昇進しにくいんです。

企業のトップは外の世界を知っているので柔軟な人も多いですが、中間管理職はそうではありません。彼らは「粘土層」と呼ばれています。

私たち団塊世代は下の世代から、「あの人たちがいなくなったら社会は風通しがよくなる」と言われてきました。なのにおじさんたちはちゃんと再生産されていて、40代、50代の中間管理職も、今ではすっかり会社化されたおじさんたちです。この人たちが長時間労働をやめないんですね。

出口

会社にいる時間が長いから外の世界も見えない。長時間労働に加えて、飲みニケーションの壁もあります。

夜9時くらいまで残業して、管理職の人が部下に、ちょっと疲れたから1時間ぐらい飲んで帰ろうかと誘うわけです。男性は付き合うかもしれませんが、女性は家事や育児、介護があるので帰ります。そこで付き合いが悪いと思われて外されてしまう。

長時間労働プラス飲みニケーションという時間外労働。要するに滅私《めっし》奉公です。

だから夜の9時頃、残業で疲れていても上司から飲みに行こうと誘われたら「はい!」と勢いよく返事するのが社会人の作法だとか、おかしなことを言っている人がいまだにいるのです。

上野 はい。彼ら「粘度層」が作る壁があるから、女性がそこから先に行けません。

出口 ある大企業の代表取締役会長として長く君臨している方と食事をした時に、幹部候補生を抜擢する時はよくよく人柄を見きわめないとあかんという話になったのです。その人は、麻雀に誘うと言っていました。一緒に麻雀をやればどんな性格かわかるから。

上野 確かに麻雀をやれば性格はわかりますが(笑)、仕事の能力はわからないでしょう。

出口 僕がその時に思ったのは、この会社では麻雀に付き合わなければえらくなれないんだな、ということでした。麻雀という時間外労働をしないといけない。

上野 勤務時間外に同質性の高いおじさんたちのコミュニティが形成されている。そこでいろんなことが決まるんですね。

出口 飲みニケーションも間違いなく日本社会のガンだと思うのです。メンバーとのコミュニケーションは就業時間内に行なうのが世界の常識です。僕は日本生命時代に現地法人の社長としてロンドンに赴任したことがあるのですが、5時に終業して、このあと食事にでも行かへんかと部下を誘ったら断られたのです。嫌われているのかと思ったら、現地人の秘書から、「パートナーと一緒に誘わなければ来るはずがないだろう」と笑われました。カップル文化の国だということは知っていたのですが、当時の僕は、あまりにも日本の男社会に慣れていたので、そんな発想が思い浮かばなかったんです。

終身雇用前提の転勤命令で忠誠心をはかる

上野 日本の企業はいまだに異動も転勤も多い。ジェネラリストを育成するという方針です。転勤は本当に必要でしょうか？

出口 終身雇用を前提にしているから、いろんな現場を知っておいたほうが潰しが利《き》くだろうという漠然とした根拠のない思い込みです。だけど、ジェネラリストなんて、会社の外に出たら何の役にも立たへんでと。

上野 彼らはその仕組みが合理的だと思っているんでしょうか。人材育成にどんな効果があるのかの検証もないのに、辞令の紙切れ一枚が、組織ロイヤリティをはかる、いわば踏み絵になっています。

出口 僕は転勤ほど非人道的な制度はないと思っています。その社員は、もしかしたら地域のサッカーチームで子どもたちから頼りにされている名コーチかもしれません。

経営者が家は寝るだけの場所だと考えているからこそ、社員と地域の結びつきなどに思いが及ばない。加えてパートナーの人生にも仕事にも配慮が及ばない。どうせ専業主婦（夫）だから黙ってついてくるだろうと高をくくっている。嫌なら単身赴任させればそれでいいと。

上野 夫婦のどちらかが転勤を命じられても、パートナーは黙ってついてくると思っているんでしょうか。時代錯誤ですね。1999年に帝国臓器製薬（現・あすか製薬）で転勤を命じられた社員が訴訟を起こしましたが、最高裁までいって請求を棄却《ききゃく》されました。判決理由には「社会通念上、甘受《かんじゅ》すべき程度を著しく超えるとはいえない」とありました。居住地選択の自由は、基本のきだと思います。

出口 グローバル企業では、転勤は希望者だけです。それで十分、会社は回ります。

上野　これも日本企業の根拠なき不合理な慣習です。最近やっと、企業のトップの人たちの間で「転勤は昇進の必須条件か否か」という議論が出てきました。賛否両論のようです。

同じ業界内で転職しにくい日本の労働慣行

出口　戦後の日本の社会は転職できにくい構造を作り出しました。たとえば、日本生命を飛び出すとしたら、一番能力を発揮できるのは第一生命や住友生命です。生命保険についてのノウハウがありますから。でも先方が採用しないのです。それをやったら互いに引き抜きになるということで。従って転職しようとしたら、昔はこれまでのキャリアとは全く関係のない業界に行くしかありませんでした。

上野　商社もそうですか？　たとえば三菱商事から三井物産や伊藤忠商事に行けないと？

出口　日本の大企業は昔は全部そうでした。新日鉄から住金や神戸製鋼所には行けませんでした。そんな契約はどこにもないのですが、暗黙のうちに、人材が流動化しないような構造を築いてしまっていたのです。

上野 やっぱり企業幕藩体制なんだ。脱藩者は浪人するしかない。

出口 昔はキャリアを積めない仕組みだったのです。

上野 構造的にスペシャリスト養成ではないのですね。

出口 脱藩は、会社への裏切り行為とみなされていました。僕が日本生命に在籍していた頃は、家業を継ぐなど家庭の事情で会社を辞める以外、転職はほとんどありませんでしたが、80年代後半に、初めて1人の後輩が外資系の資産運用会社に転職したことがありました。

それで、その運用会社の外国人支店長が、「彼を一所懸命育てます。これから日本生命さんともお付き合いをさせてください」と挨拶に来たのですが、対応した上司は、うちの総合職を引き抜いた会社は出入り禁止だと言い渡しました。

上野 会社と会社をつなぐ大事な人材なのに。

出口 そうです。僕は、そこで関係をつないでおいたほうがいいのに、と思ったので「なぜ気持ちよく送り出してやれないんですか?」とその上司を責めたら、「君は僕が役員会でどれだけ罵倒されたか知っているのか」と。

上野 やはり組織ロイヤリティが最大の評価基準なんですね。

出口 役員会で責められたくらいで、と悲しくなりました。それは自分の腹にしまっておけばいいことです。

保険会社は集めたお金を運用しますから、運用会社にとっては大切な取引先です。圧倒的に強い立場から運用会社に理不尽なことを言うのは、DV（ドメスティックバイオレンス）の構造と同じだと思いました。

おじさん文化は世代を伝播する

上野 おじさんたちには、自分たちが積み上げてきた組織文化を変えたくないという動機があるのではないでしょうか。だから、組織ロイヤリティの低い女性や外国人に対する不信感がぬぐえない。

出口 その通りです。何よりもそのほうが楽だから。

上野 同質の同性集団でいるほど楽なことはないでしょう。妻といるよりずっと楽だと思います。
90年代に大蔵省の人と飲んでいた時に、「大蔵省はもう終わりだ」という話を聞きました。なぜかというと、大蔵省に開成会ができたと。

上野 東京にある私立男子進学校、東京開成中学校・開成高等学校出身者の会のことですか?

出口 これまでも東京大学出身者が多かったけれど、それでも全国から集まっていたと。

上野 ところが開成高校出身者という、ものすごく同質性が高い人たちが増えた。彼らは自分とは違う環境にいた人に対する想像力が弱いでしょう。
東大生の出身家庭の年収が高いことはよく知られていますが、中でも、中高一貫私立男子校出身者の占める数がダントツに多いです。

出口 それもおじさんが再生産される素地になっていますね。

上野 そうです。私が2019年に東大の入学式でスピーチした時に、会場にいた新入生たちがリアルタイムでツイートしていたんです。「こんなの祝辞じゃない」とディスる子もいて、「これは18歳のおじさんだ!」と思いました。

出口　NewsPicksという新しいニュースメディアが、以前「さよなら、おっさん社会」という企画をやったのです。この「おっさん」とは年齢や性別で決まるのではなく、「古い価値観やシステムに拘泥《こうでい》し、新しい変化を受け入れない」「目先の利害のことばかり考え、未来のことを真剣に考えない」「フェアネスへの意識が弱く、弱い立場にいる人に対して威張る」人のことですと定義していました。

上野　その通り、若いおじさんもいますし、女のおじさんもいますね。

出口　このように徹底的に、「おっさん」をディスることで意識を変えていくことしかできないのではないですか。そういう古い考え方がいかに我々を不自由にして社会を停滞させているかをもっと激しく問い続けることぐらいしかできないんじゃないかと。

上野　そして、おじさんたちが再生産されるのを食い止めなくてはいけないのですが、どれだけディスってもこの人種は不滅なんです。それどころかSNSでおじさん批判をすると、その100倍くらいのクソリプが来ます。

出口　では、どうすればいいのでしょう。

上野　やっぱりご本人たちが変わろうという動機を持たないと。そのきっかけは危機なんですが、危機が来ても学ばない人もいます。

出口　ということは、おじさんを動機づける仕組みを作らないといけないということですね。

非正規労働者、女性の働き方

査定もあいまい、マネジメントが存在しない日本企業

出口　日本ではこの30年間、正社員が２０００時間以上働いてもほとんど成長しない

ことからもわかるように、マネジメントが存在しません。たとえば、管理者に対する科学的な研修システムがありません。

上野　OJT（オン・ザ・ジョブ・トレーニング）でやっているんじゃありませんか？

出口　上野さんを呼んで研修する企業はまだいいほうです。

日本生産性本部[*8]の人の話によると、アメリカでは研修というと、心理学や脳科学をベースに、マネジメントを適切に行なったり、生産性を上げたりする科学的な方法を学ぶそうです。カリフォルニア大学サンディエゴ校の方針ではありませんが、まず「エビデンス、サイエンス、専門家の知見」です。

たとえば、部下を適切に配置しようと思ったら、その部下の能力を知るために「1on1[*9]」のミーティングを徹底的にやらなければならないわけですが、

*8―1955年に閣議決定にもとづき、政府と連携し、経済界、労働界、学識者から構成される民間団体として設立。生産性に関する調査研究や情報収集、生産性向上のための研究会やセミナー、人材育成研修の開催、経営コンサルティングなどを行う。

*9―上司と部下が定期的に1対1で対話すること。アメリカのベンチャー企業で多く取り入れられた手法で、上司から部下への一方的な業務連絡ではなく、上司が部下の言葉を聞き、業務改善につなげることを目的とする。

そういう時に活きるのが心理学の知識です。ところが日本では、いまだに報・連・相（報告、連絡、相談）が大事だとか、チームで協力して頑張ろうとか、ガッツが必要だとか、サイエンスにもとづかない根拠なき精神論がほとんどだと。これではグローバルな競争を勝ち抜くのは無理だよねという話になりました。

上野 竹槍対爆弾ですね。

出口 そうです。マネージャーは、プレイヤーとは全く違う仕事ですから、きちんとした研修が必要ですが、そのシステムが企業にはまだ備わっていないのです。今だに年功で昇進させる。
僕も時々企業の研修に呼ばれますが、一番多く出る質問はリーダーの育成方法です。だけど、そもそもリーダーなんか育成できるはずはないと僕は答えています。

上野 そうおっしゃっていましたね。

出口 中学や高校の運動部と同じです。たとえば野球部に1年生が入ってきてしばらく一緒に練習していると、それぞれの実力がわかりますから、自ずと次のチームはこいつを中心に組むしかないな、となります。適材適所なので、ダルビッシュにショートやキャッチャーをやれとは誰も言いません。世の中にはいろんな能力を持った人がいるので、みんなをリーダーに育成できるはずがありません。日本では年功序列システムを採っているので、年を経たらみんなが半ば自動的にリーダーになってしまう。だから、リーダーを育てなくてはというおかしな発想が生まれるのです。

上野 日本企業にはまともな査定評価システムもありません。入社年次と学歴で横並び。官僚機構では、同じ年次の人が昇進すると他の人は全員出世コースから外されますが、そもそもそこに女はめったに入れません。1988年、芝信用金庫に勤務する女性社員が起こした昇進差別訴訟では判決文に、「当信金においては年齢以外に査定評価の基準はなかったものと認められる」とあって笑いました。

出口 本当にそうなんです。だけど終身雇用を前提にしていれば、年功で評価するほうがはるかにラクです。個々の社員の業績や能力を評価しなくて済みますから。査定は誰がやってもなかなか骨の折れる嫌な仕事です。

上野 年功で評価されるなら、お互いの嫉妬心も抑えられます。

出口 でもこのようなラクなことをやってきたから、日本の企業はマネジメント能力が劣化していったのだと思います。

ギグワーカーは非正規のニューバージョンか

上野 新しい働き方として推奨されているものの一つに「ギグワーカー」があります。インターネットを通じて単発の仕事を受注する人たちが増えています。コロナ自粛期間中に増えた料理宅配サービスのＵｂｅｒ Ｅａｔｓの配達人もギグワーカーの一種。

そういう人たちの働き方からなるギグエコノミーが形成されつつあるのですが、私が懸念するのは、ギグワーカーはほとんど組織化されていないので、交渉力が弱いということ。

雇用されている人は９時から５時までという一日で最も活動的なプライムタイムを会社に売り渡す代わりに、賃金は生活が可能なレベルに設定されています。

労働力の再生産費用、つまり体力や気力を回復させて働き続けることができるコストを、使用者から支払われています。

ギグエコノミーでは、労働力ではなく労働の成果物に対して対価が支払われるので、資本家は労働力の再生産コストに責任を持たなくていい。組織化されていない彼らは交渉力が弱いから、買い叩かれて低賃金に甘んじさせられるでしょう。

出口

集団で交渉できないから。労働力の再生産には、健康面でも懸念が残ります。大切なのは勤務間インターバル規制[*10]だと思うのです。仕事が終わってから、次の仕事を開始するまで十分な間隔をとりましょうという。仕組みをうまく作っていかないと。ギグワーカーには、多様な働き方を選べるという利点もありますが、どんな制度でも光だけではなく影の部分もありますから、影の部分こそ

＊10――前日の業務終了時刻から、翌日の業務開始時刻までの間に、一定以上の休息時間を設けること。欧州連合（ＥＵ）では、11時間以上の休息時間を設けることが義務化されているが、日本では事業主への努力義務に止まっている。

しっかりと見極めないといけないですね。

上野　インターバル規制はギグワーカーには利かないでしょう。

出口　テレワークならログが残りますから、ICT（情報通信技術）をうまく使って、インターバル規制をギグワーカーにも利くようにすることが必要です。ギグワーカーを大々的にエコノミーに組み込むなら、彼ら彼女らが過重労働にならないような仕組みを整えなくてはならない。

上野　雇用関係のもとではインターバル規制ができますが、私の仲間でも脱サラをして自営業になった人たちは、みんな労働時間が増えています。副業のススメなどすれば、ますます労働者は自分を追い込むでしょう。

出口　ギグワーカーの問題点はそこですね。さらにもう一つ問題があって、ものすごくいい仕事をする人のところにおそらく仕事が集中します。

上野　つまり格差が拡大する、と。

出口　そうです。ギグワーカーの問題点は、インターバル規制をどう仕組み化するかということとギグワーカー全体としての交渉力が弱い点。それに格差が拡大しかねないことです。

上野　食えるだけの賃金がもらえたら無理はしないで済みます。だからやはり基本的に食えるレベルの賃金が必要になります。

出口　最低賃金を設定するのはどうでしょう。ギグワーカーに支払う一個一個の成果物に対しての最低賃金のような発想はできないでしょうか。

上野　職種が多種多様なギグワーカーに適用されるような設定は難しい。これは非正規労働のニューバージョンですね。新しい働き方としてもてはやされているけれど、出口さんも危惧を抱いていらっしゃるように、本当に叩かれつけ込まれるだけの可能性もあります。

正規と非正規の格差は広がる一方

上野　出口さんが感銘を受けたというイマニュエル・ウォーラーステインの『近代世界システム』（名古屋大学出版会）は、世界経済が中核、周辺、半周辺から成り立っているとありましたが、この中核にいるのが、正規雇用者です。彼らは、安心して眠れる家や健康を保てるだけの食事などをまかなえる賃金がもらえます。

問題は、この正規雇用が稀少財化していることです。そして、この人たちの既得権益を必死で守っているのが労働組合です。

出口 連合（日本労働組合総連合会）と経団連の意見はプロセスや立論が異なるのに結論だけは見事に一致しますからね。

上野 近代世界システムの中核にいる人たち、つまり正規雇用者はこれからさらに減っていく可能性があります。これまで中核にいた人たちが周辺と半周辺に追いやられていくわけです。80年代にマリア・ミースとクラウディア・フォン・ヴェールホフというドイツの社会学者がこれを「労働の主婦化」と呼びました。

出口 つまりギグワーカーの働き方が主婦化するというわけですね。

上野 これまで女たちの労働力が買い叩かれてきたのは、家庭という帰る場所があるから。雇う側は、彼女たちがそこに戻れば少なくとも飢えないという前提で低賃金を正当化してきました。

世界的なコロナ禍で、インドの出稼ぎ労働者たちは大挙して実家のある農村に帰りました。農村に帰ればなんとか食べていけます。日本でも、農村と家庭が不況のバッファーとして機能してきました。不況になると自営業者比率と専業

出口 主婦比率が上がるというデータもあります。

ほとんどのギグワーカーには帰る場所がありません。だから僕は働き方改革で何を基準に置くかといえば、やはり労働のサステナビリティ（持続可能性）だと思うのです。

上野 何のサステナビリティですか？

出口 労働のサステナビリティ、つまり再生産です。このままの状況で周辺が、つまりギグエコノミーが無秩序に広がると、人々は疲弊してしまって社会全体が滅んでいきます。勤務間インターバル規制を行なって最低賃金を保証しないと労働のサステナビリティは保てません。

上野 そうです。ギグエコノミーについては注意が必要です。企業だってナマモノ、労働者を大事にしないと続きません。

出口 働き方改革は、何を指導原理にするのか。労働のサステナビリティを考えたら、どんな状況であっても、働く人たちが健康的で文化的な生活を送ることができる仕組みを社会が準備する必要がありますね。

賃金抑制の最大の調整弁が非正規労働者

上野　過去30年間、正社員の男女賃金格差は縮まっていますが、非正規労働者や短時間労働者を含めた全労働者の平均ではほとんど縮まっていません。ＯＥＣＤ諸国の中では、日本は２０１９年にも女性の賃金が男性の７割ちょっと、それより低いのは韓国とエストニアぐらいです。

最大の原因は非正規雇用者が多いこと。女性雇用者のうち、非正規雇用者は２０１９年で56パーセントです。主婦には家庭があるからこのぐらいでいいだろうと。既婚女性向け労働というカテゴリーのまま都合よく使われてきました。ところが、そこに１９９０年代以降に増えたのは、シングルの男女とシングルマザーです。

それまで男女の非正規労働者の多くは、家計の足しにしたいという主婦だったのが、家計を支えなくてはならない非正規労働者が増えました。

非正規労働者問題が男性問題になってから大騒ぎしたのが２００８年から09年

の年越し派遣村ですね。同じ頃、専業主婦世帯率が若干上がっています。女性たちは専業主婦になりたかったわけではなく不況で職を失ったからです。コロナ禍でも同じことが起きています。日本の企業の賃金抑制の最大の調整弁として使われているのが非正規です。

出口 非正規の問題を解決するには、やはり社会保険の適用拡大を声高《こわだか》に訴えていかなければなりませんね。パートやアルバイトを含めてすべての被用者に厚生年金保険を適用すれば、実質的に正規・非正規の区別はなくなります。適用拡大に加えて、同一労働同一賃金を徹底することが、一番実効性が高いと思います。ドイツではシュレーダー改革[*11]で実現できたわけですから。

＊11―1990年代後半から2000年代前半、ドイツのシュレーダー首相は労働市場改革、社会保障制度改革、医療制度改革、税金・企業制度改革など、さまざまな分野にわたり改革を実行した。

「男は仕事、女は家庭」戦後に強化された性分業

上野　戦後の成功体験は、誰にとっての成功だったのかを考えるとはっきり見えてくることがあります。政界、財界、労働界という3つの集団にいるおじさんたちにとっての成功でした。日本型経営は、同じような社会的立場にある男性同士の同盟によって成り立ったと思えます。

出口　どんな体制でも美味《おい》しいご飯を食べられるのはだいたい全体の2割くらいだといわれています。

上野　確かに、日本型経営のもとで終身雇用の恩恵にあずかれたのは、労働者の2割ぐらいだといわれていますね。戦後日本はずっと二重労働市場で、安定した雇用に守られてきた人たちと、低賃金の単純労働に従事する人たちが存在しました。学歴格差も今よりもっと激しかったですから。

出口　しかも、企業の規模によって大企業と中小企業の格差もありました。

上野　いま一番しわ寄せを喰らっているのは、非正規労働者の女性と若者ですね。男

性同士の同盟という、限られた既得権益層が成功体験にもとづく認識の歪《ゆが》みに気づいていないから、なかなか働き方が変わっていかない。

出口 戦後の日本は製造業の工場モデルで国を立て直そうとしました。そして、配偶者控除[*12]と社会保険の第3号被保険者[*13]という、歪んだ制度を作り出し、「男は仕事、女は家庭」という性分業を推進しました。

この2つの仕組みによって日本の性差別が温存されてきたと思っているのです。

上野 全く同感です。間違って「専業主婦優遇策」といわれることがありますが、専業主婦が優遇されているのではありません。この制度によって得をするのは、専業主婦の妻の保険料を直接負担しなくて済む夫とその使用者、みなし専業主

＊12—生計を一にし、年間の合計所得が一定以下の配偶者がいる納税者には、所得税や住民税の対象となる総所得金額から一定の金額が控除されること。配偶者控除を受ければ、所得が減少し税金の支払いが軽減されることになる。

＊13—年収が130万円未満で、厚生年金に加入している配偶者に扶養されている人を指す。これに該当する場合、国民年金の保険料を、配偶者が加入している厚生年金が負担するために、保険料を負担することなく年金を受給できる。「専業主婦優遇策」と指摘されることも多い。

婦として扶養控除の範囲内で非正規雇用で雇って賃金を抑えた上に、社会保険料をタダ乗りできる妻の使用者です。
さらに労働組合もそれに加担してきました。1950〜60年代の賃上げ闘争では、労組は「かあちゃんが働かなくても済む給料をとうちゃんに」と要求してきました。家族で収入を得るのは父親だけ。一人の給料で一家を養うことから父親のことを大黒柱と呼ぶようになりました。

出口 家族給システムでは会社員は年齢に応じて給料が上がり妻子を養うことができ、会社に帰属していれば、一生安泰です。彼らの取り組みは、裏返しに妻の就労を禁止していたともいえます。そうやって性別分業体制を整えたんです。「専業主婦優遇策」というのは間違った言い方ではないでしょうか。

上野 正確にいえば「性分業優遇策」ですね。

出口 はい。もっというと「性差別温存策」です。

この配偶者控除と第3号被保険者制度は性分業の推進に強いインセンティブを与えました。

上野 専業主婦といいますが、女性が働いていなかったわけではありません。私が社会学の学部生だった50年前の教科書には、「男女の性分業は、男は生産、女は消費の性分業」と書いてあってのけぞりました。男性が稼いで、女性がそのお金を使うと。半世紀前に私はそれを読んで、「一生消費だけして生きていけるなんて、こんなにいい人生ないわ」と思いました（笑）。

ところが実際は、女性たちは家庭内でタダ働きさせられていました。「消費」という名の不払い運動、つまり家事や育児、介護、看病を全部背負わされていました。主婦は3食昼寝つきでいい身分だといわれたけれど、実は全く報酬を受け取ることができない不当で不利な労働でした。女性たちの下支えがあってこそ、男性たちは後顧の憂いなく、外で働けたのです。

出口 「飯、風呂、寝る」ができたのは、女性が家を守ってくれたからですね。

上野 その通りです。配偶者控除の制度ができたのは１９６１年。「１０３万円の壁」が「１３０万円の壁」に変わった配偶者特別控除の制度は１９８７年。それに第3号被保険者の制度ができたのは１９８５年ですが、当時、政府は、家族は福祉における含み資産だと言いました。

90年代に、日本大学の人口研究所[*14]の男性研究者たちが作成した日本全国47都道府県介護力マップには、人口比に対する40代無職女性人口比率が掲げられていました。つまり、40代で無職の女性は介護要員であることが当然視されていたんです。それを海外の国際学会でプレゼンしているのを見て、まさに国辱ものでした。

出口 その話は全く知りませんでした。

上野 第3号被保険者制度ができた時、全国婦人税理士連盟（現・全国女性税理士連盟）が反対して、当時の大蔵省に抗議に行ったそうです。そしたら、出てきた官僚が「介護は誰がするんですか？」と言ったそうです。
日本が高齢社会に変わっても社会保障を手厚くすることには限界があるから家族で介護するしかない。担い手は家にいる女だろう。だったらせめてこのぐらいの年金権はご褒美として与えよう、という発想だったのではないでしょうか。

出口 世界では家事はもちろん育児や介護は社会全体で負担するというのがスタンダードになっていると思います。

上野 その合意形成が難しいんです。介護保険ができた時にも、「日本の家族制度を壊す」と主張する政治家がいました。

出口　でも家制度はとっくに壊れつつありました。介護保険が家族制度を壊すのではなく、家族制度が壊れてきたから介護保険を作ったと理解するほうが正しいですよね。

上野　おっしゃる通りです。

出産、育児の際、女性は退職するほかなかった

上野　60年代から70年代にかけて、結婚や出産で多くの女性が仕事を辞めていきました。

出口　僕が日本生命に入った頃は、人事部長が女性社員に「寿退社まで頑張ってください」と挨拶していました。ペルシャ文学者の岡田恵美子先生が、イランのテヘラン大学で勉強して、日本

＊14——少子高齢社会を迎えた日本や諸外国が直面する人口と結婚や子育て、医療、介護、労働、都市、住宅などの諸問題に関する研究と、それをもとにした政策提言を行なう。

人として初めて文学博士号をとって帰国して東京外国語大学に就職した時、「赤ちゃんが生まれるまで頑張って働いてくださいと言われた」とエッセイで書いておられた記憶があります。企業だけではなく大学ですら、赤ちゃんが生まれるまで働いてくださいというような状況でした。

上野 それは日本だからですよね？ イランでは絶対にありえないでしょう。階級格差が大きい社会では使用人や乳母がいて、エリート女性は何の問題もなく働き続けることができます。

出口 はい、そうだと思います。

上野 日本では働き続けたいと思っても、出産、育児に直面すると、退職するよりほかありませんでした。出産ペナルティを科されるような社会で誰が子どもを産む気になるでしょう。

戦後の日本経済は、女性が働き続けることができないシステムの上で成り立った成功体験だったと分析しています。

出口 それについては反論の余地がありません。

上野 男は外で働いて、女は家で家事や育児に従事することが私の世代の男女の運命でした。まるで性的アパルトヘイトです。

出口

問題は、その構造がなかなか変わっていかないことですね。世界経済フォーラムが発表するジェンダー・ギャップ指数（2019年版）で日本は153カ国中121位[*15]となりました。この「121位ショック」という言葉に象徴される性差別の問題です。

これは、政治、経済、教育、健康という4つの分野を対象にしていますから、ここまで低いということは、社会の隅々まで差別が行き渡っているということです。これをなぜみんなが恥だと思わないのかが僕にはすごく不思議です。

＊15—2019年12月に発表された「ジェンダー・ギャップ指数（GGGI）」で日本は153カ国中121位。1位はアイスランド、アメリカは53位、韓国108位。日本は前年110位から後退した。男女完全平等を示す総合スコアは計測開始の2006年0・645、2019年0・652とほぼ変化がない。特に政治分野でスコア0・049、144位と男女不平等が際立つ。

学歴差別と女性差別を組み合わせた日本の業界構造

上野 出口さんが日本生命に入って京都支社に配属された時、女性社員から「どうして新人の出口さんのお給料が私より高いんでしょう」と聞かれて、今はそうだけど、給料分のスキルを身につけるよう頑張ったと書いてありましたが、これは性差別だと気づかれませんでしたか。

出口 その通りです。賃金が男女で違うこと、大卒と高卒で違うことを当時は疑わなかった。それをそのまま書いてしまいました。今から思えば本当に恥ずかしいことです。

上野 生保業界は、学歴差別と女性差別をがっちり組み合わせた職場です。女性社員は高卒のみで事務担当、大卒男子は管理職養成コース。そこにおばさんパートが営業職として加わりました。生保レディは正社員でしたか？

出口 彼女たちは別です。営業職員は自営業者として採用するのです。

上野 契約社員？

出口　はい。

上野　生保レディは出産・育児後の女性たちの再就職の場でもありましたが、自分の親族縁者、地縁・血縁ネットワークを使い果たして、売り上げが上がらなくなるとお払い箱でしたね。

出口　彼女たちは自営業者という扱いなので、業績が悪いと仕組み上ほぼ自動的に解雇することができるのです。

生命保険会社の労務管理システムがどうなっているかというと、営業職員の給与の財源は新しくいただいた契約、すなわち保険料の大体何割と決まっています。

上野　歩合給ということですね。

出口　給与の総財源から説明すると、日本生命全体で、新しい保険契約から5000億円の売り上げがあったとすると、そのうち3000億円が営業職員の給与の総財源になるのです。そうすれば労組も納得します。この3000億円を営業職員で分配する時に、たとえば10年働いて営業成績がものすごく高い人には、固定給を20万円などと設計するのです。

上野 そういう人でも自営業扱いですか？

出口 全員、自営業者です。

上野 うまいやり方ですねえ！

出口 この固定給は、営業成績によって決まります。グレードごとにたとえば20万円、10万円、5万円、などと。労組からすると、契約が取れない人に固定給5万円を払うのは契約をたくさん取ってくる人が損をするからと解雇に賛成する仕組みができあがっているのです。僕は日本生命を離れてもう15年になるので、今は仕組みが変わっているかもしれませんが。

上野 ここでも労組は共犯者です。

出口 企業内組合で、事務職員も営業職員もすべて同じ組合に所属しています。会社と組合が毎月協議してはグレードの変更や解雇を行なっていました。

上野 巧妙なシステムですね。

出口 はい。巧妙なシステムを構築しているなと思いました。

上野 当時それを現場で体感しておられました？

出口 この業界はまさに女性の頑張りのもとで成り立っている、女性に食べさせてもらっている業界だと思っていました。その思いが、ライフネット生命を立ち上げた遠因の一つになっていると思います。

上野 ですよね？

出口 生命保険業界の実体は、労務管理会社です。ノウハウのほとんどは大宗を占める女性セールスをいかに管理するかというものでした。

上野 百貨店などの小売業も学歴差別と女性差別ががっちり労務管理の中に組み込まれている業界でした。高卒販売員の女性を、大卒男性社員が管理するという。

その後、大卒女性を採用するようになって変わりましたが。

出口 女性の労働環境を整えることは、社会全体の労働環境をより良く整えることにつながると認識しています。

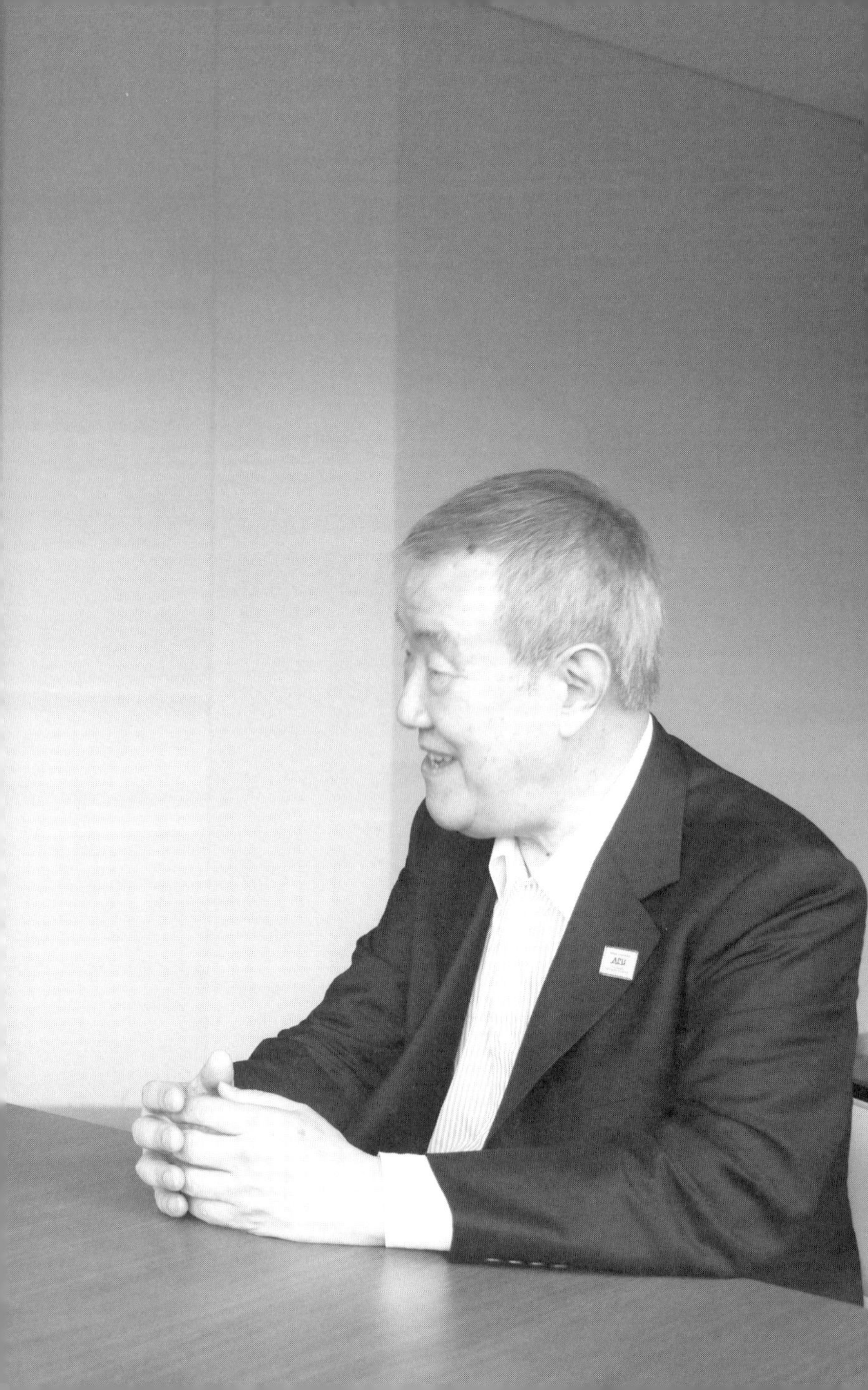

第2章 これからの働き方を考える

働き方を変えるには？

日本の同一労働同一賃金はヨーロッパとは似て非なるもの

上野　働き方を改善するためにはどうすればいいのか。私がかなり前から提案している処方箋は3つあります。1つは定時退社。

出口　残業しないということですね。

上野　そうです。残業時間を減らすなら、残業手当を最初の1時間から賃金を5割増しにすればいいんです。そうしたら企業側が定時で帰れと言うようになります。ところが働き方改革でホワイトカラーエグゼンプション[*1]が出てきました。労働時間ではなく成果で評価するという制度ですが、今後テレワークが増えると、夜中まで働こうが自己管理しなさい、となることも考えられますから、結局、骨抜きにされる可能性が高いです。

2つ目が年功序列給与体系の廃止、そして3つ目が同一労働同一賃金です。これだと転退職が不利になりません。

出口 僕もその3つには大賛成です。

上野 二〇二〇年四月から同一労働同一賃金が法制化されるようになりました。同一労働同一賃金[*2]はそもそも正社員と非正規雇用者の待遇差をなくすための制度ですが、厚生労働省が作成した基準で試算したところ、時給1000円程度の労働賃金の評価額がやや上がりましたが、それでも1300円台と大して変化が

＊1―ある特定の職種（ホワイトカラー）に対して、労働時間ではなく成果をもとに賃金を支払う制度。日本では働き方改革の一環として、高度プロフェッショナル制度が創設され、専門的かつ高度な特定の業務に従事する、年収1075万円以上の労働者を対象に2019年4月に施行。成果さえ上げれば就業時間に縛られず自由な働き方が可能だが、成果が出なければ労働時間が増え、しかも残業代等の手当はつかないことを疑問視する声も上がっている。

＊2―同じ仕事には同じ賃金を支払うこと。正社員と非正規労働者との格差をなくすために導入されたが、厚生労働省は、賃金を試算する際に、正社員の評価係数を8掛けにしたため低い時給が提示されたことを指摘している。

ありませんでした。謎は換算方式の中にある、評価係数。非正規労働者の評価係数を根拠もなく正社員の8掛けにしていました。

出口 それを見てびっくりしました。これなら最低賃金1500円のほうがマシ。時給1500円で年間2000時間働けば、年収300万円を確保できますからね。ヨーロッパの計算方法ではこんな8掛けの評価係数などありません。つまり「同一労働同一賃金」という理念は導入するが、計算法を変えることによって官僚が換骨奪胎しているんです。

上野 官僚が忖度したのですね。

出口 どう逆立ちしても一定の水準を超さないように誘導しているようです。

上野 そのように忖度されたものであれば、同一労働同一賃金には、あまり意味がないということですね。文字通りの同一労働同一賃金ではないと。

出口 はい。だからヨーロッパの同一労働同一賃金と言葉は同じでも、日本の同一労働同一賃金は似て非なるものです。

正規、非正規の壁を崩す適用拡大

出口　僕は働き方を変えるためには、社会保険の適用拡大が一番の基本だと思っています。

今の社会保険の制度は、年金で説明すると国民年金保険と厚生年金保険に分かれています。厚生年金保険は月額20万円くらいもらえるのですが、国民年金保険は6、7万円くらい。なぜこういう格差があるかというと国民年金保険は自営業者の年金で、店番ぐらいできるから一生働けるよねと。

上野　当時の厚生省の役人の頭にあったのは、農家世帯でしょう。今より短命で、死ぬ前日まで畑に出ているおじいさん、おばあさんの小遣い程度でいい。これが彼らのアイディアです。

出口　死ぬまで働いているからという発想ですよね。

上野　平均寿命が70歳くらいならそれで済んだんでしょう。

出口　僕が考える日本の一番の問題は、厚生年金保険で本来カバーされるはずの被用者の中で最も力の弱いパートやアルバイトが国民年金保険に追いやられているということです。1300万人くらいいます。この人たちを厚生年金保険の対象にすることが適用拡大です。

上野 これをやれば、正規、非正規の区別にはほとんど意味がなくなって自由な働き方ができます。ドイツでは「シュレーダー改革」[*3]の根幹の一つで、競争力のない企業は社会保険料の負担が重くてやっていけなくなるといいますが、むしろそういう企業は淘汰されたほうが経済の足腰は全体として強くなるのです。

出口 はい。それだったら扶養控除はなくしてほしい。

上野 もちろんです。

出口 1時間働いて1時間稼いだ分から納税者になるという仕組みですね。だから適用拡大を行なうと、第3号被保険者がほぼ自動的に消えるのです。

上野 それができない理由の一つに専業主婦の妻のいる会社員労組の反対もあります。

出口 そうです。労組は原則として正規労働者のことしか考えていないように見えて仕方がありません。

労働の流動化がイノベーションを起こす

出口　さらに、働き方を変えるために必要なことは、人口の増加と高度成長を前提とした「新卒一括採用、終身雇用、年功序列制、定年」というワンセットのガラパゴス的な労働慣行の廃止に向けて動いていくことです。これにより、労働が流動化します。

上野　流動化することにどんな利点がありますか？

出口　まずイヤイヤ働かなくてもよくなります。イヤなら辞めて別の会社や仕事を探せばいいのです。そうやって労働が流動化することは、企業のダイバーシティ（多様性）を促進します。それは企業にもメリットがあるのです。

＊3——1993～2005年まで在任したドイツのシュレーダー首相が行った改革。失業保険と労働市場の改革、医療制度や社会保険の改革に着手。社会保険を適用する範囲を拡大し、非正規労働者も厚生年金に加入できるようにした。後任のメルケル首相もシュレーダー改革を継承し、2000年代後半にドイツの経済は復活した。

歴史的に見て、イノベーションは、人の交流が盛んで、多様な人たちが行き交った場所、時代に起きています。いろんな文化や伝統が混じり合うことで、人間の考える力が豊かになり新しい発想が生まれるのです。

上野 留学生も積極的に採用すればいいですね。人口問題、人手不足という点から考えても、移民国家になるという選択肢はもっと検討されていいでしょう。

出口 まずは留学生から始めるのがいいと思います。若い時は感受性が鋭いのです。18歳と30歳を比べたら、18歳のほうがいろんなことに影響を受けやすい。若い時に日本の大学に来てもらったら、日本を好きになるし、柔軟性もあるから理解も早いのです。

上野 その人たちにそのまま日本に定着してもらうような積極的な政策が必要ですね。彼らは、出身国では階層が高い人たちです。しかも日本の国内で教育を受けているから、最高の人材です。この人たちを日本の経済に取り込まないのは、損失です。

出口 立命館アジア太平洋大学（APU）の国際学生は、労働市場ですでにかなりの人気を集めています。英語入試で入ってきますから母国語に加えて英語が話せますし、日本語もＡＰＵで鍛えています。日本の大企業はもはや日本だけではやっていけなくなって、アジアに出て行っていますから、ＡＰＵの学生を採用したいのです。

上野　現地に進出するために。

出口　はい。ただそれだけではなくて、現地と本社をつなぐ人材としても欲しいのです。

上野　確かに。

出口　それで面白いのは、ある企業の人事担当者が、仕事はなんとか英語でもできるけれど、飲みに行っての英語はしんどいと。でもＡＰＵの学生は英語も日本語も母国語もできますからね。

上野　日本の文化とか慣習などの暗黙知にも習熟していますからね。

出口　4年間別府で生活していますから。

上野　素晴らしいですね。

国際労働力移動の研究によると、わかっているのは、移民は出身国の中産階級以上だということです。底辺の人たちが押し出されて来ているわけではない。

出口　移民というのはその社会の真ん中より上の人たちが来てくれるんです。祖国を離れてご飯も言語も違うところに行くという人は平均的に見たら、意欲と体力も能力も優秀な人に決まっています。

上野　それに冒険心や好奇心がある。

出口　チャレンジ精神もある。

上野　移民家事労働者[*4]たちもそうです。

出口　歴史的に見たら、移住する人は押しなべて優秀です。

上野　移民家事労働者は教育歴も中等以上だし、出身階級も低くないし、非常に好奇心があって冒険心のあるインディペンデントな女性たちだということが研究からわかっております。いま日本の外国人対策って定住拒否ですね。働いてもらってあとは帰れ、と。

出口　5年で帰れと。なんともったいない話でしょう。みすみすダイバーシティにあふれる社会をつくるチャンスを逃しているのではありませんか。

上野　いつも言うのですが、女性は子宮と共に移動します。現地で妊娠、出産するなというのは、人権侵害です。日本政府は移民の家族形成をさまたげる政策ばかりとってきました。少子化を嘆くなら、外国人にも日本で産んでもらえばいいのです。

＊4―世界の先進国、新興国では、発展途上国から移民として渡ってきた家事労働者を受け入れ雇用してきたが、日本では2015年に「家事支援外国人受入事業」が法制化され、2017年より受け入れを開始。ただし在留期間は5年以内と定められている。

妊娠、出産……働く女性をめぐる問題

子どもを産んでも経済的に困らないための支援を

出口　フランスは、クオータ制[*5]も見事ですが、少子化対策もうまくいっています。先進国でありながら、出生率が2・0前後まで回復したのですから。女性にとって出産は一切ハンデにはなりません。

「シラク三原則」は、僕はもともとフランス人の友人に教えてもらったのですが、基本は、男性は赤ちゃんを産めないのだから発言権がない、女性が産みたいと思った時に産む。それが一番自然だということを政策に落とし込んだものです。

上野　結婚していようがいまいが、男性は赤ちゃんを産めないのだから発言権がない、いかなる状況でも、ですね。

出口　はい。それでこの産みたい時に産むのが一番という思想を政策に落とし込むとどうなるのか。

女性が産みたいと思う時と、女性の経済力が一致するはずはないので、そこは基礎自治体がきちんとケアをして、たとえば出産に関する費用を補助する。つまり、産みたい時に産んでも、そのことによって貧しくならないという政策が第一原則です。産みたい時に産もうと思ってもお金はどうするのとなるから。要するに、学生であっても産みたいと思ったら産んでいいですよ、と社会が後押しをするのです。

第二原則は、保育所の待機児童ゼロ[*6]。

第三原則は、男性でも女性でも性別を問わず、育児休業から帰ってきたら、賢

＊5―主に政治分野で候補者や議席に、性別や人種、民族などにおける特定の属性の者に一定の比率を割り当てる制度。男女間格差を是正するためのクオータ制は、フランスのほかノルウェー、スウェーデン、イギリス、カナダ、メキシコ、韓国などおよそ130の国と地域で導入されている。

＊6―保育所や学童保育施設への入所を申請したにもかかわらず、入所できない子どもがいないようにすること。幼い子どもを持つ保護者の就労には欠かせない条件となる。

くなって戻ってくるわけですから（浜屋祐子、中原淳著『育児は仕事の役に立つ』〈光文社新書〉参照）本当はランクアップすべきなのですが、それはひとまずおいて、少なくとも育児休業を理由にしたキャリアの中断やランクのダウンは法律で厳禁する。

上野 これを「シラク三原則」と呼んでいて、面白いことに、シラク大統領が来日した時に、日本の首相にこの話をしたようですが、当時の外務次官が書いた本によれば、「あっそう」で終わったと。

条件にかかわらずいつでも誰でも子どもを産めるとしたら、事実婚でも婚外子でもシングルマザーでもかまわないってことですよね。ウーマンリブは最初から、「女性が安心してシングルマザーになれる社会を」と言ってきました。一人で子どもを産んでもいかなる不利益も受けない。それくらい手厚いシングルマザー支援を社会的にやるべきだと思います。

青年商工会議所のお兄さんたちのところで今の話をしたら、ある男性が、「おいおい、お前が乗り逃げしやすい制度だってよ」と言いました。それを聞いて、私は「ずばり大当たりです」と返しました。そして、こんなふうに解説しました。「個々の男は乗り逃げしやすいけれど、集団としての男の責任が強く問われる制度です」と。

出口 本当にそう思います。

人口の増加が経済と文化を守る

出口 なぜシラク三原則が生まれたかというと、文献を探しても出てこなかったので間違いかもしれないのですが、フランス人の友人の話によれば、次のような事情があったそうです。フランス人が飲むお酒のうちワインが5割を切って、ビールや他のものを飲んでいる。パリにはインシアード（INSEAD）という英語の経営大学院ができた。

そこでフランスでは、我々の文化を守らなくてもいいんだろうかという議論になり、アングロサクソン文化に侵食されないよう、できるだけ抵抗しようという話になったそうです。それで文化を守るとはどういうことかと考えたら、文化は言葉だから、フランス語を母語とする人口をある程度キープしようという

上野

結論になった。そこで、子どもたちを増やそうという市民のコンセンサスが生まれて、シラク三原則を作ったんだと。

ヨーロッパは児童手当も手厚いですね。しかも子どもの数が増えれば増えるほど、給付が増えます。3、4人くらい産めば、子どもに依存して食っていけるくらいです。

私はドイツに住んでいたことがあって、ドイツも子どもの数が増えれば増えるほど手当がもらえました。子どもが3、4人いれば、日本円にして10万円以上の児童手当が入ってきます。

つまり子どもに寄生できるんです。期間限定ですけど。すると、シングルマザーに再婚希望の男が寄ってくるんだそうです。

もう1つは保育所の整備です。「待機児童ゼロ」を政府が言い出したのは本当にごく最近。「保育園落ちた、日本死ね!!!!」のインパクトが大きかった。

ところがドイツが東西統合した時、西ドイツの法律が東ドイツにも適用されたので、中絶禁止法[*7]が施行されました。それに対して、女性団体が猛反発して、産ませるなら、全員保育所に入れろと。保育所整備を生まれた子どもの人数に合わせてやらない限り、この制度は実施してはならないというくらい強いことを言って、公的な育児支援サービスを求めてきました。

出口 人口の動静は経済にもダイレクトに影響しますし、働き方にも大きく関係します。

上野 ドイツとフランスが人口政策に熱心なのは、隣国同士で人口を競っているからです。

出口 ある意味、宿命の対決ですよね。特にフランスはドイツの人口を強く意識してきました。

上野 フランスはドイツに負けたので、戦後人口政策を臆面もなくやってきました。ドイツはナチの優生政策のトラウマがあるので、表だってはやれませんが、「家族政策」の名の下で人口政策をやってきました。日本には人口政策が無き

*7—出産について女性の自由な選択を可能にするための権利として人工妊娠中絶を合法とする国もあるが、全面的に、あるいは特定の条件を定めて人工妊娠中絶の禁止を法律で定めている国もある。キリスト教では人工妊娠中絶を殺人と見なしてきた経緯も大きく関係している。

に等しい。人口学者がほとんどいません。人口学者を育てる教育機関もほぼない状態です。

出口　国の研究機関は国立社会保障・人口問題研究所だけです。

上野　どこの国でも人口学者というのは一定の地位を占めているのですが、日本の大学には、人口学専攻の学部や学科がありません。人口現象ほど社会現象の中で、長期予測が簡単にできるものはないんです。

出口　人間はそれほど賢くなくて、中長期の予測は当たったためしがないのですが、中長期の予測が唯一当たるのが人口の分野です。それは大数の法則が働くからです。

上野　それなのになぜそれをしてこなかったのでしょうか。

出口　人口学者を育てる大学があまりないことにも通じますが、役所の縦割り行政の中で、人口を専門に所管する部門を作らなかったのが大きいんじゃないでしょうか。

予算が1年単位になっていることもあって、長期的に考えるセクションがなければ官僚は仕事をしない。それを抑えるのは政治家の役目なんですが。

上野 メディアはさらに近視眼ですから。政策ではなく、政局しか見ていない。

出口 そういうことでしょうね。

マタハラ禁止法はあるが、調査できない

上野 出口さんが挙げられた「シラク三原則」のうち、3つ目の育児休業を取得することによる査定評価の低下の禁止について、企業のアンケート調査の結果を見たことがあるのですが、回答した企業は「我が社は一切しておりません。休業前の状態に戻します」という優等生の回答がほとんどでした。

ところが実際にはいっぱい事例があって、裁判も起きています。降格も賃金カットもある。ただ降格と賃金カットなどはっきりと証明できるものがあれば、訴訟も起こせるのですが、査定の低下は証明しにくいんですね。これはどう思われますか?

出口 日本の社会では、何事によらずタテマエとホンネがありますからね。

上野 法律上は禁止です。ですが査定は非公開で内部資料ですから、出せと言っても

出さないでしょう。

出口 証拠がなければ裁判を起こせないということですね。

上野 公開できたものは裁判になっていますが、資料がないと言われてしまうと難しいんです。

出口 たとえば人事考課では部下を1番から10番まで順位をつけます。その評価基準はあっても、ものすごく抽象的です。目標を達成したとか、チームワークに貢献したかとか。その時にチーム内で1人休んでいる人がいるとします。理由は育児休業でも、病気でもいいんです。
僕がびっくりしたのは、休んでいたら、その人はこの1年は何も働いてないからということでほぼ自動的に10番になるのです。その人が休む前は2番だったとしても2番から10番になったら、元に戻るのはとても大変で、何年もかかります。だから僕の理解では、フランスではそれはおかしいから、2番は2番でとキープすると聞きました。

上野 アンケートでは、優等生企業は「やってません」と答えます。明らかにやっている企業は「回答なし」です。私が聞いた話では、子どもを3人産んだ女の人が、1人産むたびに最下位に落ちる。3回も産んだらどうしても這い上がれないと聞きました。

出口　法律で元のランクのまま復帰すると決めたら、日本企業も変わると思うのですが。

上野　マタニティハラスメントを防止する法律はあるんです。

出口　でも2番から10番に落とすようなランクダウンについては実質的には何も書いてないですね。ランクダウンは同じグループ内での評価を下げるだけですから、降格のように外からは見えないわけです。

上野　はい。民間企業の内部事情に立ち入って調査できる規定はありません。降格はダメ、賃金カットもダメ。表からわかることは禁止されています。

出口　降格はなくてもランクダウンは実質的には降格そのものですからね。

育休中の賃金保障で、会社は賃金が浮く

上野　育休については疑問がありますので、教えてもらえませんか？　育休を取って

いる時の賃金保障は、全部雇用保険でまかなわれていますから、使用者の懐は全く痛みません。それなのに人員補充をしないので、同じ部署にいる育休を取らない人から育休を取った人への怨嗟《えんさ》の声が聞かれます。10人でやっていた仕事を9人でやらなくてはいけなくなると。

出口　企業は育休中の社員の給料を負担しなくて済んでいるのに、なぜそのお金を人員増に回さないのでしょうか。あるいは忙しくなる9人にその休んでいる人のお給料をプラスしてあげたらいいでしょう。

ライフネット生命では、育休を男性にも女性にも奨励していて、取得したい人が現われると、部長や課長には「これは絶好のチャンスだ」と話していました。10人のチームで仕事量が100だったとしたら、1人10の仕事量、それをその時から9人でやることになります。単純計算すると、1人11・1になり仕事が増える。

ですからその100を見直せと。それを90とか80にできたら、労働生産性は上がります。

上野　でもそれで生産性が上がったら、育休した人は復帰していらないという話になりませんか？　それだけでなく、労働強化につながります。

出口　でも仕事は年々変わっていきますし、増えていきますから1年後の仕事は仕事量が違うと考えるのが普通だと思います。

上野　成長していれば。

出口　はい。

上野　私の疑問は、育児休業を取った人に払っていた給料分が浮くのに、なぜそれを残っている人に還元しないかということです。

出口　仕事を見直すチャンスだという考えではいけませんか。

上野　それは経営者目線ですね。

出口　正直にいうと、いま指摘されるまで、賃金が浮くという発想は僕にはありませんでした。勉強不足でした。

上野　たとえば、学校で育休を取る教員がいれば、すみやかに代替教員が補充されます。民間企業がそれと同じことをやらないのが解《げ》せないんです。給与はその間出さずに済むのに、残った人たちで同じ仕事量をこなす現場で不満が出るのは当たり前です。

出口　確かにその通りだと思います。だけどそれはたぶん経営者がわかっていないんじゃないでしょうか。加えて、仕事はいつも見直すべきであって、「同じ仕事量をこなす」という発想を変えるべきではないでしょうか。

組織を変える方法はあるか？

仲間を増やして内部から改革する

出口　ベンチャー企業が組織をゼロから作るのは簡単ですが、今ある組織を変えることは本当に難しいと思います。

上野　そうです。

出口　歴史を見ると、今の王朝が嫌だと思った人はどうしたかというと、大体3つくらいのパターンがあります。一番簡単なのは、実力者がクーデターを起こして今の王様をクビにする。中国でいえば武則天《ぶそくてん》のケースです。2つ目は仲間を連れて飛び出して、新しい国を作る。そして今の王朝を逆に征服する。隋と唐のケースです。3つ目は時間をかけて仲間を増やして多数派工作を行ない王位を簒奪《さんだつ》する。中国の晋やフランク王国のカロリング家の例ですね。

王朝を会社と考えれば、1つ目はかつての関西電力や三越などに実例がありますす。新しい国を作るというのは、わかりやすくいえば、起業をするということ。多数派工作というのは、今の会社で仲間を作って会社の中から改革していくということです。

上野　社会変動を見てくると、かつての権力集団が内部改革をして変化したという例はほぼゼロに等しくて、外部にいた集団が異形細胞のごとく取りついて、宿主を凌駕《りょうが》したという社会変動がもっとも多いと思います。

出口　そうですね。権力集団の中で改革が起きたのはゴルバチョフのケース。外部集団の例は、モンゴル帝国（大元ウルス）。中国の南宋王朝を倒して中国を統一しました。大元ウルスがペストなどで倒れた後に、明《みん》を建国した朱元璋《しゅげんしょう》は、最下層からのし上がった人物です。

上野 既得権益層から出た人物ではありませんね。既得権益層が自己変革したケースはありますか？

出口 中国でいえば、隋から唐に変わる時がそうです。既得権益層の中の権力争いでした。隋の最後の皇帝、煬帝《ようだい》と唐の初代皇帝、李淵《りえん》はいとこ同士です。いとこが反乱を起こして本家を潰しました。

上野 まさに権力闘争ですね。

出口 支配階級の中から変革を志向するグループが出てくることもあるのですが、どちらが多いかというと、やはり外部から異民族などがやってきて変革するパターンのほうが多いと思います。

上野 異人が変えるということですね。

出口 一つの集団がそれなりの秩序を保って続いているということは、免疫を持っているということです。だから異物は自動的に取り除かれてしまいます。

会社でも現在の体制に文句をつけそうな人は、閑職《かんしょく》に追いやったりして出世させない。あるいは辞めるように仕向ける。集団を維持するための免疫が働くからです。あの強大な官僚組織を持つソビエト連邦からゴルバチョフが出てきたことは例外中の例外だと思います。

上野 一つの集団を変えようとする時は、外部から異質のグループを入れるのが一番です。それをうまくやったのが外部から招聘《しょうへい》された資生堂の魚谷雅彦《うおたにまさひこ》社長だといわれています。

出口 どんな方法ですか？

上野 企画部門など枢要部門に異質な人を半数くらい外部から採用したそうです。異質な人が1人だけだと「うちの会社はダイバーシティに力を入れている」というポーズに留まりますが、たくさん入れれば免疫が効きません。生え抜き組と新参者との間が部内でバトルが起きてお互いが必死になった結果、確実に社内が変わっていったそうです。

上野 いま既得権益を持っている人たちが、自己変革で変わることはほぼ期待できないので、彼らが死に絶えるのを待つしかないのですが、その前にこちらの命が尽きてしまいそうです。

魅力的なリーダーのいる会社を選ぶ

出口 経済界のトップには意外と話がわかる人もいます。先ほどの資生堂の魚谷社長もそうですが、伊藤忠商事もそうです。

史上最高益を4年連続で更新し、時価総額で三菱商事を追い抜いて業界トップになりましたが、会長の岡藤正広《おかふじまさひろ》さんはこれまた腹のすわった人で、取引先と、会食するのはいいけれど、二次会は禁止にしたそうです。ところが、ある管理職の人が、「ずるずるの関係をつくらないと商売はでけへんで」と公言して、二次会をやっていたところ、すぐにクビになったということです。そこまでやれば、トップの意思は組織内に共有されますから、「粘土層」も動いて悪しき習慣を改めることができます。

上野 トップダウンの独裁政権ですね。それぐらいやらなくては変わらないと。逆に、トップの一存でなんとかなるということでもあります。女性の登用はトップの姿勢にものすごく影響を受けます。

出口 そういうトップがいる会社を探して就職するというのもいいでしょうね。

上野 そういう会社が学生からの人気を集めるようになれば、他の会社のトップも気がつくかもしれません。

アフターコロナを考える時に思い出すのは、東日本大震災のあと、もう以前の世界には戻れないとどれだけの人が言っていたか。でももうすっかりあの時の記憶が消えかけています。

出口 ほとんど元に戻ったような気がします。

上野 今回も、同じようなことになるような気がします。

出口 よほどしっかり改革しないと元に戻りますね。だけど僕は、今回のコロナ禍は本当にいいチャンスだと思うのです。変われるかどうかにまさにこの社会の成熟度が試されており、日本の社会がこれから発展していくか衰退していくかの分水嶺になると考えています。

上野 おっしゃる通りです。どんな危機も、あたかもなかったかのように元に復することを「復旧」というんだそうです。テレワークがこれだけ普及したら、経済合理性でちゃんと動いてくれれば、今さらオフィスを都心に構える必要もないと学ぶはずなんですが。

出口 日本IBMの山口明夫社長は、テレワークを基本にして、自分もほとんど会社に行かないと明言していました。オフィスを住宅街に移すとまで言っています。こういうトップがいたら、企業は間違いなく変わります。こういった波及効果がどこまで及ぶか、ですね。

上野 変わらない企業が淘汰されるといいですよね。

出口 それに加えて、その時のちょっとした社会の空気で改革を後押しするかどうか。それにはメディアの舵取りもかなり影響します。1回大きな改革の波が来たら、そちらに流れて行くような気がするのです。

上野 行き過ぎた市場原理が問題なだけで、市場原理そのものは決して悪くありません。健全な市場競争は健全な企業活動を推進しますから。

必要なのはプロデュースする力

上野　この前、一緒に仕事をしたITベンチャーの人たちは、スペシャリストをプロジェクトごとに束ねて割り振って仕事を進めていました。そのやり方だと、プロデューサー、出口さんが先ほどおっしゃったようなアウトプットが見える人が必要です。

日本では、このプロデュース能力を持った人材が欠けているとかねがね思ってきました。出口さんは、「リーダーは育てられるものではない」とおっしゃいましたね。プロデューサーはどうですか？

出口　どんな仕事でもスキルは勉強しなければ身につかないので、教えればプロデューサーは育つというのは半分は正しいと思います。ただ、持って生まれたセンスも必要なので、教えてもできない人もいるでしょう。

そういう意味では、育たないともいえます。一番望ましいのはリーダーに向いた人を上手に見つけてきてきちんとトレーニングすることだという気がします。

上野　プロデューサーの能力を持った人、たとえば建築家でコミュニティデザイナーとも呼ばれている山崎亮《りょう》さんやスタジオジブリの鈴木敏夫さんといった人に、プロデューサーは育成できるか、育成できるとしたらどんなやり方があるかと聞いたんです。

出口　いかがでしたか。

上野　答えは同じでした。プロデューサーをやっている人を見て学ぶしかないと。

出口　シャドーイングですね。

上野　プロデューサー養成に取り組んでいる人たちにも、どんなカリキュラムかを聞くと、やはり連れ回して、「自分がやるのを見ていろ」と言うのが一番いいと。

出口　それが一番有効だと思います。

上野　ただし、そこで育つ人も育たない人もいると、出口さんと同じことをおっしゃっていました。もう一つはやはりセンスです。

出口　マニュアルで教えると、型にはまって融通が利かなくなるからダメだという人もいますが、マニュアルは仕事を丁寧にブレイクダウンして解説してあるからわかりやすいのです。

仕事の初期の段階では「見て覚えろ」より、マニュアルがあるほうがやりやすい。そもそも、マニュアルを作れない、作らないのはマネジメントがないに等しい気がします。

上野 日本にはジョブ・ディスクリプション[*8]（職務記述書）がない。だから指示ができないんですね。プロデューサーの頭の中にそれがない。

出口 そう思います。日本型経営についてもそうです。時代の幸運が重なって高度成長はしましたが、それをノウハウ化することを怠ったのです。日本的経営なるものはマニュアルがなく見様見真似《みようみまね》で伝承されたまま現在の社会に蔓延しているように思います。だから、実体が何かが誰にもわからない。

＊8——職務内容や求められる業績、責任の範囲などを明確に記述したもの。これによって客観的な基準による評価も可能になる。これまで日本ではなじみが薄かったが、社員相互の職務を明確にすることが、組織の生産性向上につながると考えられ、取り入れる企業が増えている。

クオータ制とダイバーシティ

上野 出口さんが創業したライフネット生命では、新卒一括採用、終身雇用、年功序列、定年をすべて廃止したそうですね。

出口 はい。就業規則は僕が一から書きましたから。年俸制で定年もありませんし、今の社長は30代です。

上野 ライフネット生命はゼロからスタートしたからそのような人事制度を採用することができましたが、やはりすでにある均衡を崩すのは難しいでしょう。

出口 方法としては、要職につく女性を一定数に定めるクオータ制を導入するしかないのではないでしょうか。そこから日本型経営を変えていく。

上野 最近「２０２０３０」が実現できないと、政府が声明を出しました。２００３年に小泉政権下で、社会のあらゆる分野において２０２０年までに指導的地位に女性が占める割合を少なくとも30パーセント程度にする、という数値目標を作った時は、17年もかけたらなんとかなると期待がありました。私はなぜ「2020 50」じゃないの？　と思ったくらい。ところが2020年になっても状況はほとんど変わっていません。

出口　そもそもなぜ30だったのでしょう。

上野　経営学の用語に「黄金の3割」という言葉があります。「クリティカルマス（臨界質量）」とも呼ばれます。集団の中で少数派が3割を越すと、少数派は少数派でなくなって、組織文化が変わる。その分岐点だと言われています。ですから意味のある数字ではあります。

出口　フランスは2000年に、国会議員選挙の候補者は各政党で男女同数にしなくてはならないという「パリテ法」[*9]を制定しました。

それによって、制定当時、国会の女性議員の割合は日本とさほど変わらない1

＊9―フランスで2000年に制定されたクオータ制に関する法律で、1982年に下院が可決した25％クオータ法案に違憲判決が下されたことから、憲法改正に踏み切り、パリテ法を制定。パリテは男女同数を意味する。上院議員選挙では、比例代表制部分では候補者名簿を男女交互に登載すること、下院議員選挙では候補者の男女差が2パーセント以上あった政党には政党助成金を減額することを定めた。

割程度だったのが、今では4割近くに達しています。

上野 それは強制力のあるクオータ制を作ったからですね。

出口 男女同数の候補者を揃えないと政党交付金が減らされるというものでした。

上野 日本の候補者均等法には、ペナルティがありません。

出口 インセンティブのない制度はワークしませんね。フランスのように思い切ってやらないと。

上野 韓国も改革のスピードが速く、あっという間に女性家族部という省庁ができました。性暴力禁止法も成立しました。日本は立ち遅れました。

出口 韓国は一度、経済が潰れそうになったので危機感が強くあったのかもしれません。

やはり危機が来ないとダメなんでしょうか。日本の危機はすでに相当深刻だと思いますが。

上野 クオータ制は、これまでずっと女性団体が提案してきました。ですが日本では、政財界にいる人が、クオータ制は賛成できない。能力のない人をポジションにつけるという逆差別になるといいます。ある財界トップの、「クォータ制はわが国の風土になじまない」という発言を聞いてのけぞりました。反対の理由を合理的に説明できない、と言っているのと同じです。

出口 人口の男女比は半々ですから、能力のある人の割合も同じはずです。クオータ制が一番正しいと思います。逆差別だと騒いでいる人は、男性がいかに高いゲタをはいているかという実態に気づいていないのです。

上野 裏返せば、これまで男だというだけで能力のない人たちをポジションにつけてきたということです。

出口 ある企業の研修に講師として呼ばれて行ったことがあります。次の幹部候補生を20人くらい集めていたのですが、そこには女性が1人もいませんでした。

上野 幹部候補生の20人に？

出口 はい。社員の男女比は6対4なのに。それで、僕は社長に「なぜ女性がいないんですか？」と聞いたら、「この1年間、女性を抜擢しようと思って目を皿のようにして探しましたが、見つかりませんでした」と言われたので、「その考えが間違いです」と答えました。

これまで幹部に女性がいなければロールモデル自体がないわけですから、ふさわしい人が育っているはずがない。だから、「あみだくじでいいから最低3割くらいは女性幹部を任命してください」と述べました。

最初の1年は社長の目にかなわないかもしれませんが、2年、3年と続ければ立派な人は必ず出てきます。「それがクオータ制の本当の意味です」と話しました。

変人パワーが社会を変える

出口　歴史を見ていると、変わった人が突然ふらっと現れて社会を変えることがあります。遺伝でいえば突然変異のようなことが社会にも起こります。スケールの大きい例でいえば、ゴルバチョフがまさにそうです。

上野　失脚しましたね。

出口　ソビエト連邦の官僚組織の中で生き残って書記長にまでのぼりつめて、ペレストロイカ（改革）とグラスノスチ（情報公開）を断行しました。結果としてソビエト連邦という大帝国が解体し、東ヨーロッパが解放されたのです。

自分は失脚するとしても、そういう変わった人が現れてステージを前に進めることがあります。歴史を見れば世界でそういう例はたくさんあって、国際連盟の創設を呼びかけたアメリカの大統領ウッドロウ・ウィルソンもそうです。結局、自分の国は国際連盟に加盟しませんでしたが、彼が掲げた「14カ条の平和原則」[*10]はものすごくインパクトがあるもので、朝鮮の3・1独立運動や中国の5・4運動にも大きな影響を与えています。そういう変わった人が突然現れて社会を動かすことは実際あるのです。

上野　歴史は必然と偶然の組み合わせですからね。

出口　偶然の要素が圧倒的に大きいと思います。ダーウィンを祖とする「進化論」は、

＊10―1918年、第一次世界大戦の講和に向けてアメリカのウィルソン大統領が行なった演説で、秘密外交の廃止や軍備縮小、それぞれの民族は政治的に独立し、自らの政府を持つ権利を有するという民族自決、国際平和機構の設立などを提唱した。ただし1919年、英仏米を中心にパリ講和会議でこの平和原則は尊重されず、ヴェルサイユ条約は敗戦国のドイツに過酷な負担を強いるものとなった。アメリカは1920年に発足した国際連盟には上院の反対により加盟しなかった。

上野　突然変異はランダムに起きると述べています。ロジックを突き詰めれば、日本はもう袋小路に入ってしまっていて衰退するよりほかはないように見えないこともないのですが、突然変異が起きるかもしれない。

私たち団塊世代は、時間が経てば現在よりも将来はよくなるという根拠のない楽観を持っているのですが、団塊ジュニアはその反対で、時間が経てば今より悪くなると思っている人たちです。この世代間ギャップは大きいです。

これからどう働く？ いつまで働くのか

働く人が知っておきたい社会保障の仕組み

上野 日本の社会保険には、３つの柱があります。健康保険、年金保険、介護保険。この３点セットは素晴らしい。

出口 そう思います。アメリカの生命保険会社はほとんどの会社が健康保険をメインに商売をしています。国に健康保険制度がないので、企業が提供する健康保険に社員は加入するのですが、良い企業は、うちは健康保険制度が充実しているからおいでと誘います。つまり健康保険が労働条件の一つになっているのです。ところが、どんな健康保険に加入しているかは企業によって違います。だから企業によって、通院できる病院が指定されていたり、医療費が３割負担だったり5割負担だったりします。

上野 その通りです。その点、日本の健康保険は平等ですから。年金保険は受給条件に年齢がありますが、障害を負った時に障害年金が支払われる要件は、年金保険に加入していることだと知らない人が多いですね。

出口 そうです。今の若い人たちの一部には、どうせもらえないからなどと勝手に早合点して国民年金保険に加入するのは損だという風潮がありますが、これは絶対加入しておいたほうがいいと思います。

上野 もし手厚い社会保障[*11]があれば、民間の生命保険には加入する必要がないのではないでしょうか。

出口 不要だと思います。生命保険は、僕の考えでは自分が亡くなったら子どもの養育ができないという場合、つまり子どもが大きくなるまでの一つの安全弁で、北欧のように社会保障が充実していて学費もかからなければ要らないのです。

上野 ある政治家が、「年金保険も保険なんだから、現役並みの収入がある人は、年金保険を受け取らないようにしたほうがいい」と言っていました。

出口 その通りです。それがなぜできないかというと、それぞれの所得の把握ができないから、単純に年齢で輪切りにしてみんなに配ることにしているのです。コロナ危機の特別定額給付金も、最初は困っている人に30万円といっていましたが、全員に一律10万円となりました。

上野 所得が把握できないから。

出口 そうです。マイナンバーがあるので、所得を紐づけることができるはずですが、個人のプライバシーの問題で、せっかくお金をかけたインフラが使えません。

上野 マイナンバーはプライバシーの侵害だと反対する人もいますが、私には理解できません。行政の効率アップになぜ反対するのか。アメリカにはソーシャルセキュリティナンバーがあります。

出口 ヨーロッパにもマイナンバーがあります。日本のリベラル派の困ったところは、

＊11―病気やけが、失業、災害などにより生活の安定が損なわれた場合に、健やかで安心できる生活を、国や地方公共団体が保障すること。日本の社会保障には、健康保険、介護保険、年金保険、雇用保険、労災保険などの社会保険制度のほか、保育所の設置などを行なう社会福祉制度や生活保護などを行なう公的扶助制度、人々の健康な生活に必要な予防や衛生のための保健医療・公衆衛生の制度がある。

リアリズムのセンスがないということ。マイナンバーにはプライバシーが侵される恐れがあるといいますが、その根拠は示されません。教条的で、リアリズムが全くない。必要ならマイナンバーは政府ではなく、第三者機関を作って、そこが管理すればいいのです。

上野 消費税についても同じです。コロナ危機で5パーセントに下げろと言った政治家もいましたが、私は引き下げるなんてとんでもないと思っています。

出口 僕はいつも話しているのですが、「アメリカと日本、ヨーロッパという3つの先進地域のうち、どこが一番医療費や学費が安くて、市民が暮らしやすい社会ですか?」と聞いたら、ほとんどの人が「ヨーロッパ」と答えます。

アメリカは格差が激しい社会だし、日本も学費などがメチャ高い。でも暮らしやすい社会だとみんなが考えるヨーロッパは、すべて消費税でまかなっています。人口が増え、働いている若い人がたくさんいれば所得税でもいいのですが、高齢化社会になると、所得税だけでは到底まかなえません。先進国の中ではアメリカだけが例外的に若い人の人口が増えているので、所得税でやっていけるのです。

上野　所得税は、所得を捕捉できない場合もあるのが問題です。

出口　もう1つ、本源的に、所得税は働くことのペナルティの要素を持っています。僕は働くことを奨励することが正しいと思うので、消費税のほうがいいと思います。

上野　消費税は、所得の少ない人ほど負担が大きいという逆進性が指摘されますが、貧困層の所得保障をしっかりすれば、消費税ほど透明性と公平性の高い税はないということに納得しました。

年功序列社会が生むいびつな再雇用制度

上野　出口さんは生涯現役を理想としておられるのかなと思っていました。定年年齢に関していうと、高齢者雇用安定法[*12]ができて、60歳定年の企業でも、

＊12―60歳未満の定年を禁止し、65歳までの雇用の確保を義務付ける制度で、さらに2021年4月からは70歳までの就業機会の確保装置努力義務となる予定。

出口　65歳までは労働者が希望したら継続雇用ということになりました。

上野　はい、そうですね。

出口　彼らは定年制と年功序列給があるばかりに、再雇用制度の枠に入ります。つまり、同じ仕事をしていて意欲も能力もあるのに、賃金だけが減るのです。大体3割から5割くらいの賃金になります。明らかに同一労働同一賃金違反です。

上野　再雇用制度のもとにある人たちの事例研究をやった学生によると、「みんな腐っています」と言っていました。職場の空気も悪くなるようです。

出口　同じ仕事をして同じ能力があれば、同じお金を払うべきだと思います。

上野　賃金差別だといって訴訟が起きましたが、裁判で負けました。

出口　無意識のうちに、「定年のあとに再雇用してもらっているだけ感謝しなさい」と。「賃金が下がったくらいで文句を言うな」ということですね。定年が常識として刷り込まれているので、そういった誤った判決が下されるのです。アンコンシャス・バイアス（無意識の偏見）ほど恐ろしいものはありません。

上野　判決文では、使用者の裁量権だとありました。

出口　給与が、個人の成果や会社の業績に応じて払うものだと考えれば、年齢は関係ないはずです。仕事をしている人にはきちんとその分の賃金を払えば職場のモラルも下がらないし、若い人への悪影響も防げます。これからの職場は年齢フリー、性別フリーで考えるべきです。

上野　年金があるからいいだろうという考えです。そこからも年功序列給がいびつな構造を生み出していることがわかります。ただ、本当に衰えてしまった人、認知症になってしまった人に対してどうするか。実際に問題が起きている場合もあります。

出口　ライフネット生命で定年を廃止した時に、そこだけは考えて、従業員は全員健康診断を受けるのですが、70歳を超えたらそれに加えて普通に働けるかどうか医師のアドバイスをもらった上で、雇用の継続を決めるという規定を入れました。

上野　それは機能していますか？

出口　はい。1名辞めてもらった人がいました。

上野　実際にそういうことがあったと。

出口　僕が定年の廃止を訴えるのは、ほとんどの人が定年になったらもう第二の人生だなどと言い出して、まるでそれまでとは異なる人生が始まるかのように考えるからです。でもこれは、偏見そのもので、この社会常識は崩したほうがいい。働けば健康になるし、貯金もいらない。そういう発想に意識を切り替えてもらおうと思って発言しています。

老いたらIQより愛嬌で働く

上野　橋田壽賀子《すがこ》さんが『安楽死で死なせて下さい』（文春新書）という本をお書きになってショックを受けました。それで「対談させてください」と、お会いしてきました。

「なんでそういうことをお書きになったんですか？」とお聞きすると、「だって仕事の注文がこなくなったから」とおっしゃいました。

世の中が変わってしまって、今時、嫁姑問題に関心を持つ人がいないし、一緒に仕事してきた人たちは、みんな死んでいって、メディアからもお声がかからない。もう自分には市場ニーズがないから、生きている甲斐がないとおっしゃってました。

出口 それはおそらく、ずっと壮年期でいたいという、ある意味不自然な幻想ではないでしょうか。市場ニーズがなくなったというよりも、ご本人が老いて仕事ができなくなったと認めたくないのではないでしょうか。

上野 仕事をする気は満々なんですって。

出口 でもそれはたぶん本人の主観と、客観が乖離《かいり》していると思うのです。たとえば、アメリカの保険会社の社長のように衰えを認めて、自分にできる仕事をすればいいと思います。

僕の大好きなミュージカルの一つに『サンセット大通り』という作品があります。往年の大女優と若い男性の恋の物語で、大女優は、今でも自分に注文が来るはずだと思っているんですよ。だけどマーケットのニーズがない。それで少しずつおかしくなっていくのですが、その大女優も仕事をする気は満々なんです。

人間は動物なので必ず老いていくし、それは精神的にも肉体的にもどちらも老いていくのです。だから自然に老いていくのを受け入れれば僕はそれでいいと思っています。朝起きてしんどいと思ったら仕事は辞めようと思っています。

上野　はい。男の人は社会の中で強者の立場ですが、老いていくにつれ、社会的弱者になります。だから落差が大きい人ほどダメージが大きいのでしょう。

出口　それはよくわかります。

上野　ポジションがなくなったら愛嬌で生きればよい。IQより愛嬌、と東大生にもずっと言ってきました。

出口　それがわかれば、自分にできる仕事も見つかるはずです。愛嬌に向かって精進します。

後継者を育てるために

上野　私は今NPOの理事長をしています。私の今の最優先課題が後継者養成です。いつ、どんな形で誰に委ねて退《ひ》こうかと考えない日はありません。その話をある企業のCEO（最高経営責任者）にしたら、「僕はそんなことは考えない」と言われました。倒れるまでやって倒れたらあとは知らないって言えばいいんだって。「後継者なんてあんたがいなくなったら勝手に出てくる」とおっしゃっていました。

出口 そういう考え方もありますが、僕は上野さんに近いです。

上野 はい。出口さんがどう考えておられるか気になって。

出口 後継者はやっぱり作るべきで、ライフネットの時はずっとそのことを考えていました。誰にどういう形で引き継ぐのが一番良いかと。

上野 お退きになったのはそれができる人材の見極めがついたから？

出口 今の社長の森亮介くんは当時34歳でしたが、すごくセンスがありました。今の時点では株価が最高水準になって時価総額がユニコーン[*13]の基準である10億ドルに達しましたので、結果的には森くんでよかったと思っています。

上野 私もずっと考え続けています。

＊13—高い成長が見込まれ、企業としての評価額が10億ドル以上で非上場のベンチャー企業のことを指す。

出口 一番わかりやすいのは王朝です。君主ものすごく後継者で悩んでいます。

上野 彼らは選択肢が狭いでしょう。血縁ですから。

出口 でも、子どもがたくさんいますから。

上野 母集団が大きい。

出口 みんな悩んでいます。

上野 それで考えたのは、これという人をさっさと理事長にして、私は副理事長になる。私はメディアにすごく露出しますから、私の名前と肩書きが「WAN[*14]（ウィメンズアクションネットワーク）副理事長」として流通します。そうすると、皆さん、上野がお仕えしている方はどんな人か？　とお考えになるだろう。そうすればうまく引き継げるのではないかと。

出口 素晴らしいアイデアだと思います。僕はどうしたかといえば、退職を決めた時に最初に提示されたのは、最高顧問だったんです。

上野 普通そうなります。

出口 だけど、僕は最高とか意味不明なので、業務委託でいいといって、会社と業務委託契約を結びました。ＰＲや若手の教育をやるということで。

上野 ポストなし？

出口 はい。社員からは「出口さんは代表取締役会長から一業者になったんですね」と言われました。

上野 新しいやり方ですね。

出口 もう少し歴史の話をしますと、名君はほぼ後継者選びに失敗しています。

上野 私は名君じゃないですが（笑）。

出口 唐の太宗《たいそう》や清《しん》の康熙帝《こうきてい》が失敗の典型ですが、後継者と目されている息子がまずダメになるんです。御守役はたいてい「お父さんを見なさい、あんなに頑張っているでしょう」と毎日諭《さと》します。だけど名君は、偶然にしか生まれないから、確率的に考えても息子がお父さんのようになれるはずがないのです。それで潰れていってしまうのです。

＊14―認定ＮＰＯ法人ウィメンズアクションネットワーク。女性が自由に活躍できる社会をつくるための情報を発信し、活動を支えるグループ。上野千鶴子さんが理事長を務める。ウェブサイト(https://wan.or.jp)での情報発信も活発に行なっている。

上野　甘やかされてダメになるのではなく、拗《す》ねるんですね。越えられないと思って。

出口　御守役は、王朝を続けさせたいと思う一念から、お父さんという良いモデルがあるんだから、もっと頑張りなさいとプレッシャーをかけるのですが。上野さんの後継者はそういう意味ではどうなんでしょう。

上野　私は誰でも理事長になれる、特殊な才能のない人でもなれることにして、任期1期でどんどん回していくのもいいんじゃないかなと思っています。だから理事の中に理事長経験者をいっぱい作るんです。

出口　サイバーエージェントも同じようなことをしています。執行役員10人のうち毎年3人が入れ替わる。おそらく上がったり下がったりするのは当たり前という風土を作りたいのでしょう。その中で優秀な人を後継者候補として引き上げていく。

上野　私たちのＮＰＯは理事長の任期が2年ですが、私はすでに5期やっています。次からは任期2年で、コロコロ代えていく。誰がなってもこの組織が保《も》つようにすれば、強いのではないかと。

出口　すごくいいと思います。誰がやってもできる組織を作るということは素晴らしいアイデアです。トップがいなくても仕事ができる組織を作ることがトップの究極の仕事ですから。

合理的でリアリストな私たち

上野 出口さんはご自分の合理性をものすごく信じておられますね。

出口 はい。

上野 私もリアリストで、合理的な人間だと思いますが、仕事をしていると、合理性で人が動くとは到底思えないことの連続です。

出口 人間は感情の動物で、感情で動くことのほうが多いかもしれませんね。

上野 感情と利害ですね。男は理論でなく利害で動きます。

出口 僕は、利害で動くほど男は賢くないと思っているのですが。

上野 確かに。いま自分で言っておいて、利害で動くなら合理性があるはずだと思いました（笑）。

出口 利害で動くのだったら、交渉がしやすい。

上野 おっしゃる通りです。

出口 利害で動いているのではなくて、なんとなく空気というか、要するに自分の思い込みで動いているから交渉がしんどいのです。

上野 体面、沽券《こけん》、思い込みですね。

出口 そうです。

上野 出口さんと話をしていると、世界史的に見てこんなに無能な国民がなぜこんなに生き延びてこられたのかという気がします。

出口 そもそも人間は猪八戒《ちょはっかい》のような愚かな存在なので、国民というのはどの国であっても無能なのだと思います。ただ、いろんな運命の組み合わせによってうまく生き延びる国もあるのです。戦後の日本では、吉田茂という指導者の存在が大きかったと思います。彼はリアリストで、かつ真っ当な人でした。

上野 経済界は、個性的な人材とかとんがった人材とか言い出していますが、要は個人が合理性を追求すればいいのですね。

出口 政府や企業のやり方に依存せずに、自分から変わっていくのが一番早いでしょうね。

好きになれる仲間をつくるのが一番

出口　僕はわかりやすく、5要素と言っているのですが、これまでの日本社会あるいは学校教育が目指してきたのは「偏差値」「素直さ」「我慢強さ」「協調性」「上司の言うことをよく聞く」ことではないでしょうか。

上野　「偏差値」はつまり学力ですか？

出口　偏差値がそこそこ高いということは、工場のマニュアルが読める、あるいは余計なことは考えずに答えが1つだと教わっているということです。自ら問いを立てたり、常識を疑ったりするのではなく、いかに早くソツなく正しい答えにたどり着くか。戦後の製造業の工場モデルに準拠した社会では、この5要素を満たした労働力が必要だったのです。

上野　それが戦後の文教政策の狙いでした。

出口　でもこれではスティーブ・ジョブズは生まれへんなと。結局新しいものは生まれないということに日本の社会もようやく気がつき始めています。

上野　これからの働き方を考えたら、この5要素をチェックして、そうでない職場を選択すればいい。

出口　はい。そして大学できちんと勉強することです。企業は採用基準に学業成績を入れるべきだと思いますが、これから働こうという若い人たちは、もっと真面目《まじめ》に勉強すること。働いている人も残業したり飲みニケーションに逃げたりせずに、自分に必要な勉強を自ら行なうことです。「飯・風呂・寝る」の生活から「人・本・旅」の生活へなどと話していますが。

上野　大学任せにしないで。

出口　そして生産性を上げるには、残業をなくして労働時間を短くすること。それは働く人が自分で管理できることでもあります。

上野　成果評価になれば、同じ成果を上げるのにだらだらやっていたら損するのは自分です。

出口　今の日本では、会社に長時間いる人は愛社精神があって立派だという、全く根拠のない精神論が蔓延しているから、だらだら残業していますが、会社にいようがいまいが関係ないと。きちんとした成果を持って来いと言えば、生産性も上がります。

上野 期間限定でスキルのあるスペシャリストを集めて何かやるほうが生産性は高いでしょうけれど、企業は、能力より組織ロイヤリティのほうをはるかに重視しますね。

出口 そうやって同調圧力が強い社会をつくってしまった結果、社内政治に長《た》けた人が幅を利かせるようになったのです。

上野 もし組織ロイヤリティを高めたいと思うなら、愛される、好きになれる組織にするほうが手っ取り早い。だから、好きになれる仲間をつくるのが一番です。この仲間と一緒に仕事したいという。そういう職場をつくりなさいと。

出口 その通りです。元気に明るく楽しく仕事をすることが一番です。

第3章

私はこう働いてきた

——上野千鶴子さんに聞きました

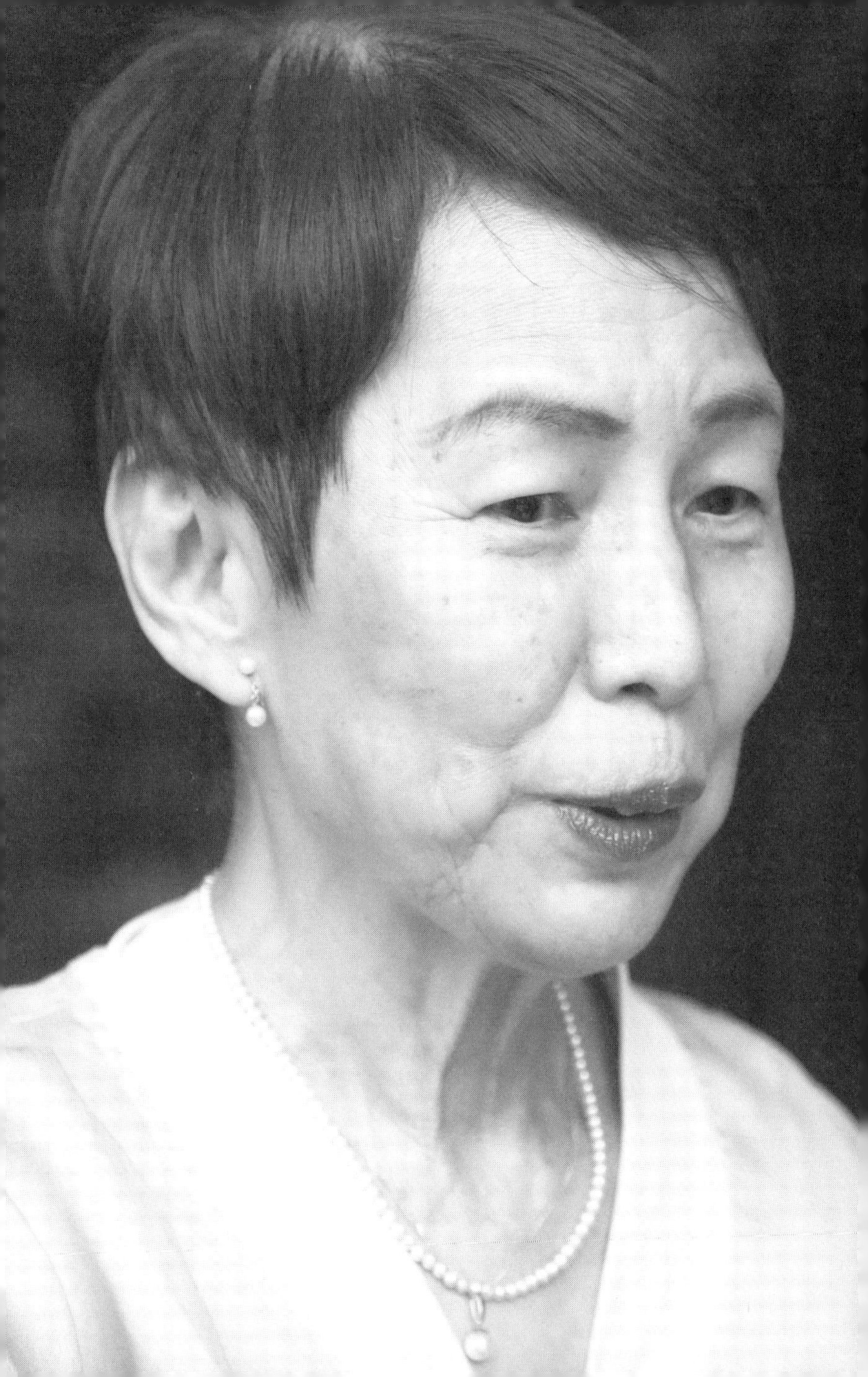

空気を読むことは不可欠

私はよく「空気を読まない」と思われるようですが、そんなことはありません。仕事をしていく上で、ずっと空気は読んできました。だって私は、空気を読まずにいられるほど能天気ではないからです。

何も感じないから好きなことができるという人はいます。のびのびしていて、ちょっと鈍感で。私は悪意も感じますし、傷つきもしますから、空気を読むようになりました。

でも傷つきっぱなしにはしません。反撃します。当たり前です。倍返し、ではないけれど（笑）。

これまでずっと前例のないことをしてきましたから、自分がやりたいことを実現するためには、空気を読むことは不可欠でした。だから常に状況を見るようにしています。

たとえば「女性学」[*1]の講座を始めようと思ったら、まずは教授会で合意形成しなくてはなりません。そのためには味方を作ったり、根回しをしたりすることが必要です。だから誰がどんな意見か、どんな言い方をすれば味方になってくれるかもしっかり見ます。

そういうことを全然やらない人もいますね。正論を言えば通ると信じている人。私は組織の中で仕事をしてきましたから、そんなに楽観的ではありません。組織の中で何かを通そうと思ったら、抵抗勢力は必ずいますから、合意形成に努力するのは当たり前です。有利な情報を出して、不利な情報は出さないというような情報のコントロールだってやります。

＊1――男女の平等な権利、対等な地位を求めるための学問。社会学、法学、経済学といった従来の学問分野に加え、文学やアートなどの表現において女性がどのように扱われているか、政治や報道における女性差別の実態、ファッションにおける男女差のメカニズムなど、多岐にわたる研究が行われている。

男は論理では動かず、利害で動く

女性にはそういうふうに根回しをしたことがない人が多いのかしら。でもこれまで正しいことを言ったら通ったという経験はほとんどないはずです。世の中って正しいだけでは動きません。

もしかすると、男性が論理的な生き物だと思っている人は多いのかもしれない。けれど、そんなことないでしょう。男は論理では動かない。利害で動きます。だから彼らを動かそうと思ったら、「こういうことをすれば、あなたにいいことがありますよ」と誘導するのが一番です。

私はエサをちらつかせられるほど高いポジションにはいなかったけど、たとえば、貸しをつくるとか、「今回は私に協力してよ」くらいのことは言います。だってそれはお互い様ですから。

「空気を読む」のは、その目的は何か、ということです。飲み屋のおネエさんは、財布と面《つら》の皮の厚いおじさんの懐から、その分け前を引き出すために空気を読んで、いい気分にさせています。

私たちが空気を読むのは自分の思いを実現するためです。女性の中には、そんな根回しや忖度を快く思わない人もいますが、女性ももっとそういう配慮やスキルを身につけたほうがよいと思います。

だって男性たちは、お互いの間でそういう助け合いをやってきたのですから。義理と人情で、恩を売ったり買ったりしています。大学という大きな組織の中でも、そういう光景をずいぶんと見てきました。

人を動かすにはどうすればよいか

私は利害関係のないネットワークや、NPO（民間非営利団体）でも活動してきました。この人たちは利害では動きません。企業のように金とポストを報酬に提供することもできません。そもそもNPOにはそんな資源がありません。

人を動かすにはどうすればいいかというと、やっていることが面白い、と、一緒にやる人との人間関係が楽しい、この2つしか動機はありません。正義感や使命感だけでは、長続きしません。

でもただの仲良しクラブではないから、具体的な成果物を積み上げて達成感を味わうことが大事です。雑誌を出したり、イベントをやったりという目に見える成果を上げると、達成感が味わえます。ボランタリーな集団では、この達成感が参加した人たちへの報酬になります。さまざまなトラブルや意見の違いを乗り越えて何事かを共に達成した仲間とは信頼感が生まれますし、それが財産になります。企業でもチームワークで目標を達成した時の喜びは同じでしょうが、その組織目標は企業利益ですから、自分で選んだものではありません。

そういう達成感を、これまで若い人や女性はあまり味わう機会がなかったのではないでしょうか。そういう人を仲間に引きずり込んで、その人に達成感を味わってもらうと、次からはもっと自分から動いてくれるようになります。私はずっと、そういう仲間づくりをやってきました。

ちょっとした違いで分裂していく人たちもいました。許せないとか我慢できないとか。でも、それをやっていったら組織はどんどん弱体化します。

組織をまとめるには、集団目標を共有することが大切ですが、それを達成するには、多くの人の力を借りないとできません。多少の違いがあっても確実にメンバーの一人ひとりが成果を上げていけば、集団作業の成果は出ます。

私は、性格はいいけど仕事のできない人より、性格は悪いけど仕事ができる人と組むほうがずっと好きです（笑）。成果主義だと言われるかもしれませんが、一つずつ成果を出していかないと集団はまとまりません。これまでたくさんのプロジェクトを達成してきました。

そういうことも、やっぱり空気を読まないとやっていけません。一人ひとりの態度を見て、この人は嫌がっているとか、この人は反感を持ってそうだとか、あるいはこの人は協力的だとか、ちゃんと見ます。

抵抗勢力も一枚岩じゃないですから、集団の中に手を突っ込んで、自分に反対の人とそうじゃない人を分断して、味方に引き込むこともします。おじさんの悪口をたくさん言ってきましたが、組織マネジメントの上では男性たちのノウハウに一日《いちじつ》の長があると思います。

上司とは利害、部下とは信頼でつながる

働き方改革で、労働時間を減らそうという話もありますが、そもそも自分で仕事に意味を持たせることができれば、どんなに長時間労働でもストレスにはならないと思います。幸い研究者という仕事は趣味と職業が一致しているので、ありがたいですね。その代わり、ワーカホリックになりがちです。

教育と研究の一致、と言いますが、現実には簡単ではありません。給料が支払われるのは教育サービス業に対してであって、研究成果がどれだけ多くても給料には反映しません。ですから教師の仕事は給料分だけしっかりやりました。他のところでどんなに忙しくても、そこがホームグラウンドであることはずっと自覚していました。

ある官庁を解雇された方がお書きになった本を読んでいて、背筋が寒くなったことがあります。何故《なぜ》かといったら、解雇に至るまでの服務規程違反のリストがずらっと何十も書き出されていたからです。

一つひとつは、出張届を出さずに出張したとか、外部講師の講演料を事前に申請し

なかったとか、とても小さな違反です。それも全部守っていたら仕事なんてできなくなるような微罪の集合でした。それでもそういう微罪が数十も並ぶと言い逃れできなくなります。

それを見た時ぞっとしました。どんな人でも、これをやられたらアウトです。それが表面化したのは、内部告発があったからでしょう。身近な関係者しか知らないことばかりでした。ということは、その人は職場に味方がいなかったということです。そうやって職場で孤立したら生き延びられません。

組織にはそういう怖いところがあります。誰かがこいつを突き落としてやろうと思ったら誰でもやられます。日産自動車のカルロス・ゴーンさんだって側近によって追い出されましたから。だから私はいつも周囲に味方をつくるように努力してきました。

味方につけるのは、上位の人じゃなくて、下位の人。まずは学生。学生の信頼を絶対に獲得する。それと教員よりも職員。そうやって味方を増やしていきました。

学生の信頼を獲得するためには、授業を面白くすること。クレームがくるようなことは絶対にしない。女子短大に長くいましたが、彼女たちには学問の言葉が通じません。できるだけ専門用語を使わずに説明するとか、身近な話題につなげるとか、そういう工夫をいちいち丁寧にやりました。今日《こんにち》、私の話がわかりやすいと言ってもらえるのは、彼女たちに鍛えられたおかげです。

職員にはよく差し入れをしました。たとえば電話交換手の人たち。東大に異動した初期は、携帯電話どころか研究室直通の電話がなくて代表電話にかかってきた電話を交換手が取り次いでいたんです。顔の見える関係をつくると、対応が変わりました。

事務方の職員もそうです。遅くまで研究室にいることも多かったから、警備員さんの休憩室にも挨拶に行っていました。そういうことはマメにやりました。

ヒラメみたいに上を見て高い地位の人たちだけを見ていてはダメ。繰り返しますが、何のために空気を読むのか、ということです。

これまで女性たちは、知恵や権力を持つ人たちのおこぼれにあずかるために、上目遣いが求められてきたんです。女房役や秘書役と呼ばれるように、いつも脇役だからです。

私はそうじゃなくて、やりたいことがある時に、自分が孤立しないためにどうすればいいかを考えました。理解者がいない苦労を散々味わったし、ずっと札つきでバッシングを受けて、風当たりも強く、自分が孤立しやすい立場にいるという自覚がありましたから、味方をつくる努力をしました。

最後に自分を守ってくれるのはどういう人たちか。少なくともこの人は教師としてはいい人だって、そういうことをちゃんと証明してくれる学生がいることは、とても大事です。

会社でも上司を見るのか、部下を見るのかで違うでしょう。上司とは利害でつながる。でも部下とは信頼でつながります。

本当に周囲に恵まれてここまで来ました。そのためには相手の信頼を裏切らないように、丁寧に仕事をしてきました。

仕事をしている人は、覚えておいてください。

信頼は蓄積します。だから、信頼が蓄積できるような仕事の仕方をしてください。

自分を育て直す

独学で切り開いてきた道

自分の人生で大きかったのは、家から出て京大に進学したことです。

私と出口さんがいた頃の京都大学はとてもいいところで、「教育せず、されず」、学生を放し飼いする伝統がありました。

その上、学生運動が盛んな時代でしたから、授業もほとんどありません。教育というものを受けませんでした。

アメリカの大学で知ったのですが、教員は学生を徹底的に指導します。学位論文を書く時は、指導教員のところに1章ずつ持っていって、ゴーサインをもらってから次の章を書くというように、次々に関門を越えていかなければなりません。

同僚が、「アメリカの大学って上野さんみたいな人が育たないところだよね」と言いました。私がそんな指導を受けていたら、指導教員とぶつかって、とっくに大学を辞めていたでしょう（笑）。

アメリカの大学は確かに、教育付加価値をつけて優秀な学生を育てているかもしれませんが、私は指導されなかったおかげで、女性学という誰も指導者のいない学問を創り出すことができました。私の世代の女性学の研究者はどの人も独学で、この学問を切り開いてきました。

京大方式は異能・異才が育ちますが、秀才は育ちません。それに歩留まりが悪い（笑）。皮肉なことに、私自身は東大でアメリカ方式の教育付加価値をつける授業のスタイルを採用しました。

勉強と研究とは違います。高校までの教育では、正解のある問いに答えるという訓練を受けます。ですが大学では、正解のない問いを立てて自分で答えを出すという研究に取り組まなければなりません。

ここはおそらく私と出口さんが教育者として100パーセント一致するところだと思いますが、正解のない教育をやるのに、正解ばかり求めてきた人、正答率の高い人を選ぶ現在の選抜方式は矛盾していると思います。

とにかく生き抜くために

大学に進学するために家から出ました。何が何でも、家から通えない大学に行こうと思って京大を選びました。幼い頃、私は家庭と学校しか知らないような過保護な子どもでした。父親は、私には運転免許を取らせてくれなかった。兄が取ったあと、次は私かなと思ったら、私を飛ばして弟に。父は、「女の子の指定席は助手席だから」と。

そういう家庭に育った子どもだったのですが、一つだけわかっていたのは、ここにいたら自分はダメになる、ということでした。

だから家を出たのですが、そうなると、水の中に叩き落とされた犬でした。必死であがいてきました。30歳を過ぎてアメリカに行ったら車がないと生きていけませんでした。必死になって免許を取りました。とにかく生き抜かなければなりませんでしたから。

自分が知らない世界に恐怖心を覚える人と、知らない世界にワクワクする人とがいますが、私は後者でした。未知の世界に対する恐れのなさ、というのはもしかしたら親が与えてくれたギフトかもしれません。親が愛してくれましたから、世界に対する基本的な信頼を持つことができたのです。

今の若い人たちはあまり外国に行きたがらないと言われることがあります。私たち団塊の世代は高度成長期に子ども時代を過ごしましたから、原っぱにどんどん家が建って豊かになっていくという過程を目の前で見てきました。

そういう変化を知っているから、新しいものに対してポジティブだし、そもそも何もないところから出発していますから、なくなることに対しても、なくてもともと、という気分を持っています。

今の若い世代のように生まれた時から何でも揃っていると、失うことに恐怖を感じるのでしょうか。経済が低成長ですから守りに入るのは無理もないのかもしれません。

自分の人生を誰かに依存するリスク

女性の専業主婦志向が再び高まっていると聞きます。

「一生お守りします」と言って、大人の女の人生を生涯背負い込むなんてよくそんな無謀なことができるなと思います。男性は怖くないんでしょうか。

女性のほうでも「そんな言葉に胸がキュンとする」って聞いて、本当にびっくり。教師になった時からずっと、専業主婦はリスクが高いと言ってきました。自分の人生を誰かに依存するなんて。離婚だってこんなに増えているのに、自分だけは大丈夫だと思えるんでしょうか。

不況のせいで、セキュリティ志向が強まっているとは感じます。結婚も保険なんですよね。

大企業に就職したいというのも保険的な意味があるのでしょう。だけど、私は何度でも言います。どちらの保険もあてにならないよって（笑）。

これまで3種類の仕事をしてきました。1つは教師、もう1つは研究者、もう1つは社会活動家。私は人の2倍どころか、3倍働いてきました。3倍働いて、そのうちの1つがなくなっても困らない働き方をしてきました。いつでも「会社」を辞めてやると思えたのは、それがあったからです。

勤務先と揉めて懲戒免職になっても、他の2つがあります。そうやってリスク分散してきました。

それに、研究職のよさは、成果が蓄積することです。

仕事のバランスについては、意識的に配慮してきました。

とんでもなく仕事が詰まった時に、たまたまゼミの学生が不祥事を起こしたことがありました。私のようなタレント教授は、外に出すぎて学生の指導を十分していないからだと言い出す人が必ずいます。調査委員会から、私がその学生の指導をちゃんとやっているかという証明を求められたんです。面談の記録や、メールのやり取りも全部残していたおかげで、きちんと証明できました。

授業や学生指導はどんなに忙しくても手を抜きませんでした。それはリスク分散と同時に、自分の身を守るためでもありました。目立つことをやって、叩かれやすい立場でしたから、足元はしっかり固めておく必要があります。

ただし一点、子どもがいる人に顔向けできないのは、私は子育ての負担がなかったから、仕事に集中できたという面はあります。もしそれがあれば、ここまで仕事中心の生活はできなかったでしょう。

私とフェミニズム

女友達より男と付き合うほうが楽だった

フェミニズムと出合ったのは大学を卒業してからです。まずウーマンリブ[*2]が出てきて、活動している女性たちの中には、共同生活を始める人たちもいましたが、私はそもそも集団生活が嫌いで、学生寮にも絶対に入りたくなかったほうです。団体旅行も嫌いです。

でも、女であることにずっとモヤモヤしていました。だから必死になって、女の人が書いた本を読んでいました。

私は、女同士でつるむことにすごく抵抗感がありました。中学や高校の頃からそうで、誰かと一緒にトイレに行くなんてしたことがなかったし、学校帰りにケーキ屋さんに行ったりということもなかった。家でも兄と弟のみで、姉妹がいなかったから、女友達とどう付き合えばいいかよくわかりませんでした。

本当に孤立して生きてきました。大学ではそもそも周りに女がいなかった。どこへ行っても紅一点みたいな状況でした。

男とは付き合っていました。恋愛も含めて、男と付き合うほうがずっと楽でした。男との付き合い方はわかっていたけど、女との付き合い方がわからなかったんです。男には、無遠慮にズカズカ踏み込んでもいいけれど、女はそれをすると、一生許してくれないようなところがあります。だから気を遣っていたんです。

こんな言い方をしたら相手がどう反応するかは、男相手にならわかるのですが、女にはわからない。大学を卒業するくらいまでは、もっぱら男たちと一緒にいました。ところが、20代の半ばに差しかかると、男が1人去り、2人去り、結婚していなくなったんです。

＊2――1960年代後半にアメリカを中心に広がった女性解放運動。女性に対する社会的な束縛や差別的な扱いが不当であることを訴え、男女の不平等を解消するために活動した。日本では1960年代後半から70年代前半にかけて盛り上がりを見せた。社会運動の中核をなしたウーマンリブから、学問的なアプローチをもとに思想として発展したものがフェミニズム。

フェミニスト上野千鶴子誕生

1978年に「日本女性学研究会」が京都で立ち上がり、学友が、「一緒に行かない？」と誘ってくれました。義理でしぶしぶ参加してみたら、本当に魅力的な女の人たちの集まりでした。

会社員、学校の先生、主婦といろんな人がいたのですが、みんなものすごく自立していて、自分の言いたいことを言っていました。すごく心優しくて、信頼に足りる人たちで、私とよく遊んでくれました。

私はそれまでものすごく孤立していましたから、女同士でつるむことを「女遊び」って名づけて、その楽しさを生まれて初めて味わいました。解放感があって、しばらくハマりましたね。

いま考えてみたら、その人たちも自分の職場や家庭で浮いている人たちだったんでしょう。浮いている女が集まって、思いの丈《たけ》をぶつけ合って、スカッとして、「明日からまた元気を出して働こうね！」と言いながら帰っていく。女性学研究会という名前だったこともあって、「なんでこうなるの?」と追求したい。リブは言葉や知性よりも感情と感覚が大事というところがあって、私はそれにはなじめませんでしたが、女性学は自分のモヤモヤに言葉と論理を与えてくれたんです。

女性学研究会で最初にやったのは、「主婦論争を読む」[*3]というプロジェクトです。主婦論争とは、1955年に雑誌『婦人公論』で始まった主婦の立場をめぐる論争で、主婦は職業なのか、家事は労働なのかといったテーマでいろんな人が意見を言っていたのを、研究会で議論し合って、その後まとめて本にしました。

当時はインターネットもなく、図書館から古い雑誌を借りてはコピーするという、とても大変な作業でしたが、1950年代に、こんな議論があったというのがとても面白かった。

母がやっていたことがわかり、主婦がいたほうが都合がいいと考える人たちがどう

＊3―評論家や社会運動家、主婦、経済学者ら様々な立場の論者が意見を述べたが、男性論者は、専業主婦という立場を肯定するものが多かった。上野千鶴子編『主婦論争を読む1　全記録』『主婦論争を読む2　全記録』(勁草書房)には、1955〜76年までに『婦人公論』に掲載された記事と、上野さんによる解説が収録されている。

いうロジックを使うかがよくわかりました。主婦になる運命が自分を待ち受けていると思った私が、主婦ってなあに、何する人、と研究してみたら、奥が深かったですね。それから10年あまりかけて『家父長制と資本制』（岩波書店）という本を書きましたが、母のリベンジ戦を果たした気分でした。

大学で女性の一生について教える

大学に進学する時には、やりたいことがわかっていませんでした。18歳くらいでやりたいことがはっきり決まっている子どもはそういないのではないでしょうか。

父が医師だったので、周囲は医学部進学を期待しましたが、父を見ていたので、医者にだけはなるまいと思い、京都大学の文学部に進学しました。怠け者だから語学は向かない、古文書を読むのも嫌だから歴史もやりたくない。文学少女の端くれでしたが、大学で文学をやるのもどうか、と思って文学は選びませんでした。

子どもの頃から好奇心が強かったのですが、その頃はまだ自分が解きたい問いがわかっていませんでした。

そんな時に、社会学に出合いました。今もそうですが、社会学って何をやっている学問かがよくわからないところがあるでしょう。それが面白かったんです。

社会学を説明するのに「常識の関節外し技を教えます」と言うことがあります。社会の常識を疑ったり、なぜそうなのかと考えるのが好きな人に向いています。

卒業後、向上心も向学心もなく、ただ就職したくないという動機だけで大学院に「モラトリアム入院」しましたが、ある時、自分は何で食べていくんだろうと考えて、教師しかないことがわかりました。ようやく就活を始めて、23通目の履歴書を送った先の平安女学院短期大学（現・平安女学院大学短期大学部）にようやく拾ってもらいました。

採用された時、大学側からはっきり言われました。「ウチは研究者は必要ありません。教師が欲しいんです」と。どうやら面接のパフォーマンスがよかったらしく、この人は教師としてはやれるだろうと思っていただいたようです。

私が教えるのは専門課程ではなく、一般教養の社会学でしたから、わりと自由にさせてもらいました。

短大の女子学生たちは、とても率直で、面白い話には身を乗り出すけれど、つまらないと全く話を聞いてくれません。

彼女たちの反応はすごくわかりやすいから、「よし、この子たちを振り向かせてやろう」と思って、専門用語を使わずに、社会学とは何か、膨大なデータをもとに「女の一生、ゆりかごから墓場まで」を授業で話しました。こうすればこうなる、とは伝えましたが、価値観の押しつけはしませんでした。

「上野先生の授業を聞いたら、結婚に夢も希望もなくなった」と言う学生もいましたが、面白いと評判になり、人気講座の一つになりました。

大学で教えるかたわら、地道に研究会を続けて、雑誌に寄稿して論文を書きました。80年代は、フェミニズムと女性学が世間から注目を集め始めた時期で、出版社側も、若い書き手に積極的に執筆のチャンスをくれました。

出版社に女性編集者が増えてきたことも大きかったですね。本当にありがたいことでした。出した本を読んでくれた人たちがたくさんいました。意欲のある編集者と良質な読者に恵まれました。

大学の授業があって、本を書いて、雑誌や新聞の連載があって、外部の講座の講師も務めましたし、メディアにもよく出ました。当時は本当に忙しかったです。

仲間をつくって一緒に育った

女性学が影も形もなかった頃、1980年に『女性学年報』[*4]という雑誌を創刊しました。仲間たちと一緒に手間暇かけて、形にしていきました。論文を一度も書いたことがない人を励まして、舞台に立たせて、研究論文の書き方のノウハウを伝えて、一緒に育ちました。

大きな組織だと垂直的な関係になりやすいけれど、ネットワーク的なつながりでは水平的な関係が大事です。でもリーダーとフォロワーはいますから、経験者と非経験

*4―年1回発行。「女であること」をあらゆる立場にある女性たちが問い直すもので、一つのトピックを特集したり、論文やエッセイ、海外レポートなど女性の生の声を、型にはめない自由な立場で編集している。

者を組み合わせて「徒弟奉公制度」を作ったりしました。

当時新しく女性学講座が大学に入っていった時期でしたが、講座を組むことを教授会で提案すると、必ず「女性学って学問ですか？」と言う人がいて、悔し泣きしましたね。

当時の大学にも、家政科や保育科、英文科には女性教員もいましたが、彼女たちも女性学には距離を置こうとしました。

そういう人を味方にするにはどうすればいいか。そんなことをいつも考えていました。味方が少ない中でやってきたからです。

大学に女性学の総合講座を作ろうとすると講師は非常勤ばかりになります。大学の専任教員にはまだそういう講座を担当できる講師はいませんでした。非常勤だと追加でコストがかかります。

そうすると、反対意見が出るんです。反論しないと総合講座はできません。だから私は、「この講座はなぜ非常勤の先生しかいないのか。それこそが女性学が必要な理由です」と主張しました。

そんなふうに一つひとつロジックを組み立てながら合意形成していったんです。

もちろんうまくいく時ばかりではなく、嫌な思いもいっぱいしました。でも、そうやって積み上げていけば少しずつ変化していくのもわかったから、頑張れました。

目の前にチャンスがあれば飛びつく

私が最初に出した著書は『セクシィ・ギャルの大研究―女の読み方・読まれ方・読ませ方』(岩波現代文庫)で、性的アピールを分析したものです。

出版後、学生の保護者から勤務先の短大に抗議がきました。「こんなふしだらな女を、女子短大の教壇に立たせておいていいのか」と。

当時、性について女性が自由に語るというのは新しいことでした。海外ではそれより少し前に『ハイト・リポート』という、世界で初めて女性の性行動を女性自身の言葉で語るという画期的な調査報告書が出たのですが、ハイトさんは当然のことながら猛バッシングを受けました。

『ハイト・リポート』の日本版を、ということで日本の若くて意欲的な女性編集者たちが作ったのが『モア・リポート』です。これもすごく話題になりました。

当時は、女性の本というと料理や編み物が中心でしたが、出版社も女性たちが生き方に関する本を求めているとわかって、フェミニズム関係の本をどんどん出してくれました。

私の本もよく売れました。女性の編集者たちが力をつけて、会社の中で発言力を持っていたことも大きかったし、出版マーケットが拡大していた時代でした。

売れたら必ず叩かれます。「商業主義フェミニズム」と呼ばれたので、「勝てば官軍、悔しかったらアンタも売れてみろ」と思っていました。読者の中には、誤解する人もいましたけど、本当にストライクゾーンど真ん中で受け止めてくれる人もいました。読者のニーズに手応えがあったし、一方で誤解が生じても他方で良質の読者に恵まれました。

私は、基本的に愛想がいいんです。反感を持っているだろう人とお会いする時も、ニコニコして「こんにちは」と挨拶していました。

だって、別にその人が私について悪口を言っていたとしても、具体的に邪魔されたわけではないですから。そこまでやる力のある人たちではないのだから、気にしなくていいんです。

何をやっても共感と反感が両方くる

そうやっていろんな経験をしてきました。反発する人もいたけど、味方も増えました。何をやっても共感と反発が両方きます。

反感をゼロにすることはできません。共感と反感が6対4だったら差し引き2です。それでいいじゃないですか。反感を恐れたら何もしないのが一番です。でもそれだと風が起きません。

私は逆風が吹くと、ドーパミンが出て快感を覚えるくちです。「きたきたきたー！」みたいに。

だからこそ味方をつくり、実績を作り、ここだけは誰にも文句は言わせないと、授業もしっかりやってきた。そうやって蓄積してきたものが私を支えてくれました。ものすごく著名な作家でも、批判的な記事を読んだだけですごく根に持ったりする人がいますね。みんな自分が大事でナルシストですから。特に男性はね。

だけど場数を踏めば、「そっか、そんなこともあるよね」とわかってきます。やり過ごすスキルも身につきます。嫌な思いはします。だけどそれを避けたかったら黙っているしかない。１００パーセントを求めないことです。

土壇場も修羅場も経験してきました。何かトラブルが起きるとシミュレーションが始まって、最悪の事態を予想する。そうするとたいがいの現実はそれよりはましなので、次善の策、三善の策を思いつくんです。そうするとなんとか切り抜けられます。ですから「土壇場と瀬戸際に強い」と言われます（笑）。

上野千鶴子は最初から上野千鶴子だったわけではない。あなたも場数を踏めば、上野千鶴子みたいに平気でいられると思っていればいいわよ。勇気が出るでしょ？

東大教授として

東大のPR役として

東大に呼ばれたのは、1993年です。大学の人事って、今もわりとそうですけど、密室人事なんです。あちらから声をかけていただいたので、自分から応募したわけではありません。青天の霹靂《へきれき》でした。

いろんなことを言われました。「結局、権力が好きなのね」とか「体制に取り込まれた」とか。だけど、まあ見てろと。私の仕事を長い目で見てくれたらいいと思っていました。

話をいただいた時、私が勤めていた関西の私学は、かなり財政状況が厳しかったんです。すでに少子化が進んでいて、実際、私が奉職していた学部はその10年後に廃部になりました。そういう経営基盤の弱い大学から、一番倒産しなさそうな職場に移ったことになります。

東大は私だけでなく、姜尚中《カンサンジュン》さんや安藤忠雄さんのような人を使うのがうまいですね。入学式で来賓祝辞を読むよう招かれた時も青天の霹靂でしたけれど、私は東大の販売促進グッズとして使われているかもしれません。でも、給料をもらってるんだから、それくらいは当たり前のこと。嫌なら辞めればいいんです。

大学では、何の研究業績もない人と、業績を上げた人、どちらも給料は同じです。私学にいた時は、自分が研究していることを学生に話しても理解してもらえません。だけど、その学生たちが払う学費が私の給料になっているわけで、彼らにその分はしっかりお返しをしようと、授業は手を抜きませんでした。偏差値の低い私立大学で教えた時のほうが、教育には燃えましたね。

そもそも世の中ってハンパなものです。研究だけでやっていけるわけではないとしたら、妥協して生きるしかない。だから、妥協すべきところはちゃんと妥協します。教育サービス業がおまんまのタネなら、人生のいく分かはそれに捧げてきました。好きなことはお金にならなくともやる、お金になるのは他人の役に立つからです。

男は利害、女は好き嫌いで動く

自分の主張を通そうと思ったら、仲間をつくること。その大切さを私は身をもって知っています。私はいろんなネットワークを持っていました。会社員の友人や、地域活動の主婦たちも周りにいました。大学の中の世界しか知らなかったわけじゃないから、それがわかるのかもしれません。

人は論理で動かないこともわかっています。もし世の中が論理で動いていたらもっと簡単に変わっているでしょう。

学問は論理で詰められますが、組織は論理通りには動かない。それは本当に痛感しています。だから、嫌々でも渋々でもいいから動いてもらうためにはどうすればいいかと考えます。

「男は利害で動く」と言いましたが、女はどうか。好き嫌いで動きます。

女性から嫌われることもあります。悪意という黒い塊《かたまり》を押しつけられると、嫌なものです。向かい風はほぼ想定内ですからこたえませんが、嫌なのは背中から刺されること。あれは本当にこたえます。もう布団《ふとん》かぶって寝るしかない。

何年かして、悪意をぶつけてきた人がニコニコ寄って来たりすることもあります。だけど、私はもの覚えが悪いから、「この人に私は、たしかものすごく嫌な思いをさせられたことがあったけど、あれは、何だっけ?」って思い出せない。物忘れは徳のうち、それはそれでいいかなと思っています。

私は弁が立つと言われますが、そんなことはありません。何度も失敗しています。踏み込みすぎたり、地雷を踏んだり、そのような中、これはやってはいけないということを学んできました。

必要なのは場数です。場を与えられたらためらわない、というチャレンジ精神があったおかげです。挑戦が人を育てますから。

私が鍛えられたのは、大学の中だけにいなかったこともあります。相手によって伝わる言葉が違うと知っていたことも大きいです。

怒りと好奇心で前に進んできた

私がそうやって前に進んできた動機は、怒りと好奇心の両方です。女性学と出合った時に、自分のことを研究対象にしてもいいんだということに衝撃を受けました。まさに目から鱗《うろこ》です。でもそれは当時、学問としては受け入れられなかった。それでご飯が食べられる可能性はゼロでした。でも私が生まれて初めて、義務からではなく、論文を書きたいと思ったのは女性学です。注文があるとか締め切りがあるとか、そんなこととは関係なく、誰も読まなくても書きたいと思ったんです。まさにこれがやりたいことでした。でもそれで食べられる状況ではありませんでした。

若い頃は、かけもちでいろんな種類のバイトもやりました。喫茶店のウェイトレス、塾の講師や家庭教師、それからシンクタンクの研究員など。シンクタンクでは、クライアントから女性のマーケティングについての依頼がくると、私に連絡がきて、プロジェクトチームを作ってリサーチしました。

クライアントには、自分が欲しいものをしっかり言語化できる賢いクライアントと、欲しいものがわかっていないダメなクライアントがいます。そこでクライアントのおじさんとの付き合いも学びましたね。

仕事は自分で見つけ出すもの

新入社員は知識があるわけではないし、社内で発言力がないのは仕方がない。でもそこで、一から自分で仕事を見つけ出していくということが大事です。そうじゃないと、これからの会社は保たないでしょう。会社もナマモノですから、環境が激変していく中で生き延びるためには、変わるしかありません。企業の平均寿命は、人間の一生よりずっと短いです。

出口さんも自分で仕事を見つけて提案して、それが受け入れられたからチャンスを手にしてきたわけでしょう。潰されることもありますが、またトライすればいいんです。

上野ゼミ[*5]の経験者は、仕事をする上でゼミがすごく役立ったと言います。それは、計画の立て方、企画書の書き方、情報収集の仕方や分析方法、インタビューで気をつけること、アウトプットする時の注意点など、すべて教えているからです。

うちの学生は打たれ弱くなんかない。「上野ゼミで打たれたことに比べたら会社なんかちょろいもんだ」と言っています。それで生き残ってきた子たちです。

会社員と研究者が違うのは、お題が向こうから降ってくるか、自分から求めていくかですが、どちらにしても、実際にやることはそれほど変わりません。職業人にもきっと役に立つノウハウを書いていますから、もしご興味があれば、私の『情報生産者になる』（ちくま新書）を参考にしてください。東大上野ゼミのノウハウを惜しみなく情報公開しています。

東大には、起業しようという学生はあまりいません。起業は労働市場の中で、不利

＊5―東京大学文学部で上野千鶴子さんが学部生を対象に開講したゼミ。学問への取り組み方を徹底的に学ぶことで、学問以外の場にも生きるスキルが身につくと評判。ゼミ卒業生には社会学者の開沼博、社会的な切り口で現代の性問題の解決に取り組む坂爪真吾らがいる。学部生以外の参加者も受け入れ、タレントの遙洋子は3年間通い『東大で上野千鶴子にケンカを学ぶ』（筑摩書房）を上梓した。

な人がやる傾向があります。起業はある種の博打《ばくち》ですから。

上野ゼミ生だった古市憲寿《ふるいちのりとし》くんが、博士論文で若者ベンチャーの研究をテーマに選びましたが、東大生は起業しないことがわかったそうです。なぜなら彼らは労働市場で有利な立場にいますから、わざわざ起業して博打を打つ必要がないのです。

卒業生の中にはＮＧＯ（非政府組織）や国際機関に行く学生もいますが、大半は企業に就職します。

私は卒業生から脱サラの相談を何度も受けました。そのたびに、「ちょっと頭を冷やそうよ」と言ってきました。私が言いそうなことには思えないって？


組織から離れるということは、徒手空拳で荒野に立つようなものです。「それだけのスキルと意欲があなたにある？」と。「それがないなら、やめたほうがよい。組織は無能なあなたを守るものだから」と言ってきました。

組織は有能な人の足を引っ張りますが、無能な人を守ります。だから、人並み以上の意欲と能力が自分にあると思わない限りは、裸で荒野に立つのはリスクが高いのです。これが私のリアリズム。私が「会社」を辞めなかった理由です。

フェミニズム業界の役者を引き受けた

私のことを一匹狼だと思っている人もいるかもしれないけれど、自分ではどちらかといえばプレイヤーよりもマネージャーが向いていると思ってきました。もし20～30年ぐらい遅く生まれて企業に入っていたら、たぶんいいマネージャーになっただろうと思います。

ずっと仲間とやってきましたから、一人では何もできないことはよくわかっています。人に頼むのが得意ですし、人に任せたらあまり余計なことは言わないようにしています。

組織を運営していると、細かいことにこだわって、それが通らないなら降りると言う人もいます。私の役割は、まあまあ、って言って場をとりなす調整役です。

組織の中で、何か問題が起きると、それぞれがワーッと私のところに文句を言って来ます。こっちからも来てあっちからも来る。ぶつからないようにうまく両方から話を聞くのはなかなか大変です。それぞれから聞いたことは、胸に納めて相手に言わないようにすることも大事です。

マネジメントは忍耐が必要。思うようにいかないものです。男性がなりたい職業のトップスリーは、1番が野球監督、2番は映画監督、3番が指揮者だといわれますが、この3つの共通点は、自分がプレイヤーじゃないということです。現場はプレイヤーに任せて、自分はベンチで胃の痛い思いをして座ってるしかない。マネジメントというのはそういう役割です。

自分はマネージャーに向いていると思っていたので、人生最大の痛恨事は、私自身がプレイヤーとして舞台の上に立ってしまったことです。

なぜかというと、フェミニズム業界に役者が足りなかったからです。だからその役割を引き受けざるをえませんでした。

プレイヤーとして一番風当たりの強い、矢面《やおもて》に立たなきゃいけなくなりました。それは私の目論見《もくろみ》とは違っていました。

信頼は組織ではなく個人に蓄積する

私は、人気商売ではなく学者をやっていますから、仕事をすれば蓄積していくことがありがたいですね。潰されそうになることは誰にだってありますが、どんなことをされても潰されないだけの実績が自分の中にあれば、必ずやっていけます。それは学生にいつも言っています。

誰が何と言おうと、私はこれをやりとげたというものがあれば、誰からも文句は言われません。潰されそうだと思ったら、潰されないだけの実績を作ることです。

会社の仕事では、なかなか「自分の実績がこれだ」と言いにくい部分もあるでしょう。

でも着実に目の前の仕事をこなしていれば、こいつにやらせればきっとこういうことをやってくれるという信頼が蓄積されていきます。そういう人間関係をつくっていれば、転職もしやすいんです。

私たちのNPOの活動もただの仲良しグループではありません。チームを組んで一つひとつの事業をやってきていますから、この人にこれを任せたらこれだけのことをやってくれるだろうと、お互いにわかってきます。そうすると、次もまたこの人と組もうというふうになるんです。どんな仕事でもそれは同じでしょう。

信頼がある相手なら、全然違う分野の仕事だったとしても、この人にこういうお題を与えたらこれだけのことをしてくれるだろうと思えます。出口さんもそういう信頼があったから、転職がうまくいったのでしょう。

私は編集者にも恵まれました。畑違いのお題を持ってきて、これで踊れ、と言われる。無理だ、と言っても引き下がらない。おかげで自分のレパートリーが拡がりました。期待に応えたら、また次にも組もうと思ってもらえます。育ててもらった編集者には感謝してもしきれません。

仕事を通じて積み上げてきた信頼は、組織の内外で通用します。だからいざという時に無理が利いて、助けられたり、助けたりができるんです。

そういう人脈は、個人でつくるしかありません。人脈というのは、組織ではなくて、個人にしか帰属しません。それがあれば、組織を出ても生きていけます。

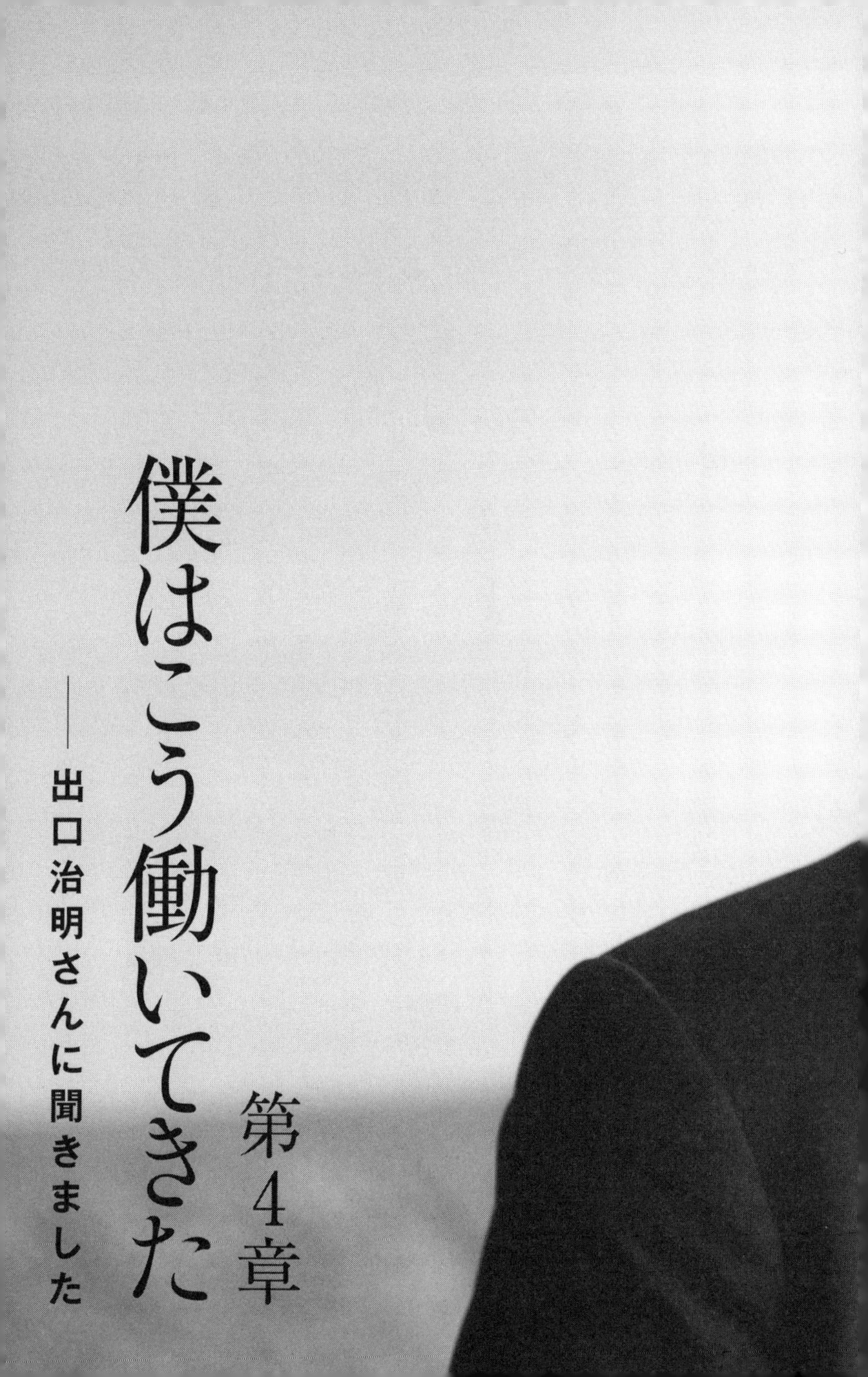

第4章

僕はこう働いてきた

——出口治明さんに聞きました

挫折からすべてが始まった

仕事が人生のすべてとは考えない

僕は、いつも「仕事は人生の3割」と語り続けてきました。それは、それくらいだと思っていたほうがより合理的に仕事ができるからです。そのことに気がついたのは、20代の頃、日本生命で働いていた時でした。

仕事というのは合理的にやるものだと思っていたのですが、周りを見ているとそうでもない。「失敗したらあかん」とか、「上司が嫌がる」とか、「アホなやつやと思われたらどうしよう」とか、ついつい余計なことを考えてしまう人が多かったのです。

仕事がすべてだと思っていると、どうしてもそうなってしまいます。

でも、「仕事なんかどうでもいい」と割り切ると、思い切って好きなことがやれます。誰がなんと言おうと正しいと思ったことはそのまま突っ走ればいいので、仕事が合理的にできるのです。僕はずっとそうして仕事をしてきました。

そういう考えに行き着いたのは、挫折を経験したからです。中学、高校、大学と成長していく過程で、自分はそれほど賢くないし、才能もないということがわかってしまったのです。だから、もう人生は適当でいいと、極論すれば、「あとは余生や」と思って生きてきました。

ライフネット生命を立ち上げたことも、APUの学長に就任したことも川の流れに従った結果です。たまたま運とご縁に恵まれただけだと思っています。自分自身の意欲や実力で道を切り開いてきたことは、ほとんど何もないのではないでしょうか。

僕は、川の流れが行き着いたところで、給与泥棒にならないように効率よく仕事をしてきただけで、好きなことを仕事にしたとか、これこそ自分の天職だとか、思ったことは実は一度もないのです。

才能のなさに気がついた少年時代

小さい頃からわりと勉強はできるほうでした。だからそれなりに自信があったのですが、中学生の時に、自信を失いました。県の統一試験で、7番か8番だったのです。

なんか中途半端やなと思って、「次は1番になったろ」と、根性入れて勉強しました。ところがその次は4番か5番で、1番になれない。おかしいなと思って、もう1回、一所懸命勉強して準備してもやっぱり4番か5番でした。自分が得意だと思っていた勉強で1番が取れない。

自分はそこそこ勉強ができるけれども、こんなに集中してやっても小さい県で1番になれないということは、やっぱりそれほどの才能はないんやな、とその時は、だいぶ落ち込みました。おそらく生まれて初めての挫折だったと思います。

本を読むのが何よりも好きだったので、文学少年だった僕は小説を書いていた時期もあるのです。でも、文芸誌に何回投稿してもかすりもしない。走るのも速くて、運動会のリレーではそこそこ活躍していたのですが、どれだけ頑張って練習しても100メートルで12秒の壁が越えられない。

勉強もあかん、小説もあかん、走るのもあかん。高校時代はちょっとやさぐれていました。答案用紙にこんな馬鹿な試験問題に答えられるかと書いて0点を取ったり、嫌いな先生の授業は、後ろを向いて本を読んだりしていました。今から考えたら、全く可愛《かわい》くない困った生徒ですよね。先生には申し訳なかったと反省しています。

４つ下の弟がいるのですが、よく愚兄賢弟《ぐけいけんてい》といわれていました。弟は、僕を反面教師にしたのだと思います。

やりたいこともないし、そんなに賢いわけでもないし、どこの大学に行けばいいのかよくわかりませんでした。

山岳部の先輩が、「やりたいことがないやつはみんな法学部へ行くんやで」「法学部は潰しが利くんやで」と話していたので、何も考えずにそのまま法学部を選びました。親父《おやじ》は、「うちは金がないから国立やないとあかんで」と言っていました。

それで、家から一番近い国立大学の法学部を探して、京都大学の法学部に願書を出しました。受験したのは京大一高だけです。

入学してみると、学生運動が盛んな時代で大学は封鎖されていましたから、起きたら本を読んで、お腹がすいたら学食にご飯を食べに行って、また本を読んで、議論したければ友達の下宿に会いに行くというひたすら怠惰な毎日を送っていました。

本を読んでいたら一日が過ぎていくし、こんなに楽しいところはないと思って、大学は８年いられるらしいからそうしようと思っていたら、親父に「おまえ、何、アホなこと考えてんねん。弟がいるやろ」と言われて、でもやりたいことも特にないし、それでもせっかく法学部に入ったのだから司法試験を受けようと思ったのです。

でもダメでした。僕はそれまでも試験にはそこそこ強かったので、まさか落ちるとは夢にも思っていませんでした。そこでまた落ち込んで、友人には、「俺はもう余生や」と話していたようです。世間知らずもいいところですね。

行くところがなく、仕方なく入った保険業界

就職の準備は全くしていなかったのですが、同級生が、「滑り止めに1社ぐらい就職試験受けとかへんか」と誘ってくれて、2人でセーターとジーパン姿で京阪電車に乗って淀屋橋《よどやばし》まで行って受験したのが、日本生命です。

当時は高度成長のおかげで売り手市場でしたが、司法試験に落ちてみると、他に行くところがなかったので仕方なく入ったというのが正直なところです。

同期は180人くらいいて、新入社員研修に行くと、社長を目指すなどと話している同期もいたのですが、僕はそんな気は全くありませんでした。その時点で、自分は

何をやっても中途半端で、何でもそこそこはできるけれども、一流のものは何もないと思っていましたから。

会社にも生命保険業界にも興味がわかなくて、出世競争のようなものにも向いてはいない。ただ切り替えだけは早かったので、給与泥棒といわれるのはシャクだし、一日の9時から17時という人間が一番活動的になる時間を会社で過ごすのだから、せめて仕事を面白くしよう、と思いました。

その頃からあきらめをモチベーションにしていたのです。

入社して2年間は京都支社にいて、そのあと淀屋橋にある本店の企画部に異動になりました。

当時の日本生命は年功序列の会社でしたから、副主任、主任と年齢に応じて上がっていくのですが、その副主任への昇格試験で、最初の問題が確か「今年の新春の挨拶で、社長が掲げた今年の目標3つを書け」だったのです。

保険に関する問題などはできたのですが、そこが白紙だったからか、ABCDEの5段階評価で、Bでした。係長に別室に呼ばれて、企画部は優秀なやつばかりなのに、俺は恥をかいたと怒られました。一所懸命育ててきたつもりなのに、企画部が始まって以来、Aを取れない部下を持った俺は泣きたいと。社内報をきちんと読んでいたら答えを書けたのですが、興味が持てなくて、社内報は1ページも読んでいなかったわけですから、書けるはずがありません。

係長があまりにショックを受けていたので、主任論文は真面目に取り組み、「経営計画の立て方」というタイトルの論文を書いたところ、優秀賞に選ばれて、欧米に3カ月間の視察（出張）に行かせてもらいました。それが僕の海外旅行の始まりでした。

あきらめて、目の前のことに集中する

僕が若い皆さんにアドバイスをするとしたら、まず「早くあきらめろ」と助言します。

自分は何に向いているんやろとか、もっとええ仕事があるんちゃうかなどと思っていたら、いつまでたっても目の前の仕事すらきちんとできません。

あきらめるというのは、何もしないでぼんやりしろということではなく、現状をまずはありのままに受け入れ、世の中はこんなもんやと早くあきらめて、目の前の仕事

に集中しろということです。

僕はムダなことほど嫌いなものはないので、どんな仕事であってもいかに効率よくやるかを必死で集中して考えてきました。最小の時間で最大の成果を上げるためには、時には勉強することが必要です。そうやって僕は仕事をしてきました。

さらに終業後は、MOF担《モフ》[*1]（大蔵省担当）という仕事の関係もあって、社外の人とよく飲みに行っていました。だから社外にたくさんの知り合いができて、知見も広がったように思います。

長期休暇は年に2回、2週間ずつ取って、世界中を旅していました。そんなに休みを取るのは、社内ではおそらく僕くらいで、上司からも渋い顔をされましたが、なんとか見逃してもらいました。

その頃、やめたものもあります。ゴルフです。土日を全部潰してまでしたいとは思

＊1――MOFは、Ministry of Financeの略で大蔵省（当時）のこと。当時、都市銀行や証券会社、生命保険会社など金融行政と関わりの深い企業は、同省の情報収集担当者を置いていた。MOF担による官僚への過剰な接待が問題になったこともある。

わなかったので、「ゴルフはしません」と宣言して、以降は全くゴルフには行きませんでしたが、何の問題もありませんでした。

このように自分の頭で考えて、自分の判断で好きなようにやっていたから、仕事が嫌いにならずに済んだのだと思います。これも3割の力です。上司の顔色をうかがっていたらできなかったかもしれません。

日本生命時代に先輩から「君は本当に異端児やな」と言われたことがあります。「どこが異端児ですか？　仕事もしっかりやっていますよ」と反論したら、「うちの会社の人は誰一人自分では何も決めない。みんなで相談して決めている。でも君はどんな案件でも自分一人で決めてその通り動いている」と言われたことがあります。

次のようなことも言われました。「無味乾燥でよかったら、そして一番早く結論にたどり着きたかったら、出口にアドバイスを求めろ」と。合理的に仕事をしていたからだと僕は理解しています。

仕事を楽しく面白くする工夫とは

自分には何の能力もないと思う人は、決して能力がないのではなく、単に自分に向いていない仕事をやっているだけかもしれません。掃除《そうじ》が得意だったら、掃除サービスの会社を立ち上げたり、勤めたりすればそれでいいのです。

でも、「もっと他にいい仕事があるんじゃないか?」と思っているだけでは、動けない。動かなかったら自分の得意もわからない。だから人生はまず行動です。転職サイトにすぐ登録しましょう。迷ったらやる、迷ったら行く、迷ったら買う、です。

社会全体の問題として、メディアが世の中にはカッコいい仕事があるという幻想を振りまいているという面もあります。

仕事はあくまで一つの機能であって、カッコいい仕事とカッコ悪い仕事があるわけではありません。

リーダーも同じで、リーダーがえらいわけではありません。組織にはリーダーという機能が必要なので、そういう役職を置いているだけの話です。リーダーはえらいわけではありませんから、リーダーという仕事に向いた人がやればいいのです。全員がリーダーを目指すほど馬鹿げた話はありません。

カッコいい仕事がある、あるいはリーダーはえらい、そういうステレオタイプ的な発想を持つ人が多いので、自分がそうではない時に落ち込むのです。

世の中にいい仕事とダメな仕事があるかのように感じていたら、それは社会常識に毒されているのです。

僕は、一貫して仕事は役割分担であってそれで機能していると思っています。

仕事は大変だと思い、嫌々やっているとしたら、人生は不幸です。

僕は別にとりわけやりたいこともなかったし、仕事にそれほど興味もわかなかったので、遊び心で毎日星取表を作っていました。上司から「これについてどう思う?」と聞かれたら、「こうです」と答えます。その時に上司が、「他のケースも考えたか?」と言ったりするのですが、僕はすでに4パターンくらいを考えて、その結論に達していた。そうすると1勝。

上司や同僚が、僕が思いつかないような素晴らしいアイデアを思いついたら1敗。

そんな感じでやり取りしながら、「今日は5勝や」「今日は2勝3敗や」と心の中で採点しながら、一人ゲームを楽しんでいました。

それが僕なりの仕事を楽しく面白くする工夫でした。自分なりに工夫してもちっとも楽しくないんだったら仕事を変えればいいだけの話です。

モチベーションは自分で作る

終身雇用、年功序列より実力主義のほうがはるかにマシ

終身雇用や年功序列をやめたほうがいいと思うのは、それがあると、仕事が嫌でもなかなか辞められないからです。社会の労働の流動性が高くなれば、嫌な仕事はすぐに辞めてまた次を探せばいいという割り切りができます。渡辺和子さんの「置かれた場所で咲きなさい」より、漫画家、文筆家のヤマザキマリさんが述べているように、

「世界は広いのだから咲ける場所を求めてドンドン広い世界に出て行ったらいい」のです。

実力主義だと職場がギスギスする。日本の風土には合わないという人もいますが、僕は年功序列より実力主義のほうがはるかに気がラクだと思います。実力がなく人をまとめる能力もない、ただ年功だけでえらくなった人に使われることのほうがはるかにストレスフルですし、職場の生産性も上がりません。

実力主義だと自分の実績にもシビアになります。自分の給与が上がらないのは実力がないということですから、悔しいけれど受け入れるしかありません。でもそこで自分はどうするかを考えることもできます。

お手本になるのは、プロ野球選手です。完全な実力主義の職場ですから、「そろそろ、来年はクビになるかもしれない」などと、予測しながら次の人生計画を立てています。

突然、戦力外通告をされても途方に暮れる選手はほとんどいないでしょう。

世の中には完全な制度はないので、実力主義にも欠点はありますが、どちらがいいかといえば、年功序列より実力主義のほうがはるかにマシではないかと僕は考えています。

それでもやはり、実力主義では食っていけなくなる人が出ると心配する人もいますが、それは現代社会に対する認識が間違っています。世界の先進国は、どの国も市民の健康で文化的な最低限の生活を保障すると述べています。生活保護であれ何であれ、セーフティネットの仕組みがあるのです。フランスのエマニュエル・マクロン大統領も著書で書いていました。「政府は最も弱い人の立場に立つ」と。

人間の能力には差があるから、人間は政府を作って、セーフティネットを作ってきたのです。だから食べていけなかったとしたら、その人を救うのは政府の仕事だと思います。生活保護を恥ずかしいと考える人もいますが、食べられなくなったら政府を頼りにするのが当たり前で恥ずかしいことでも何でもありません。失業保険も公的年金保険もそうです。このようなセーフティネットがあるからこそ、人間は安心して人生にチャレンジできるのです。

日本興業銀行に出向、エリートコースへ

僕は5年間、日本生命本店の企画部で働いたあと、東京の運用企画部門に配属になり、金融・経済に係る調査を担当、当時の日本興業銀行（みずほ銀行の前身の一つ）の産業調査部に1年間出向、そしてMOF担、つまり、当時の大蔵省担当になりました。エリートコースといわれればそうかもしれないのですが、自分では運の要素が圧倒的に大きかったと思っています。

当時僕は、興銀には金融や経済に関する情報が蓄積されていることを知っていたので、「興銀に出向者を出しましょう」と上司に提案したら、「それなら君が行ってこい」と言われて、出向することになったのです。

当時の興銀は、大蔵省や通産省と自分たちが日本の経済や金融制度を動かしていると自負していました。日本生命とは社風もまるで違っていて、この1年間で僕自身もずいぶんと価値観が変わったと思います。

毎日が刺激的であまりに面白かったので、僕は自然と興銀で学べることはすべて学

ぼうと思うようになりました。土日は、日本の鉄鋼業界や自動車業界などの業界ファイルをひたすら読み込みました。どれを読んでも面白くて目からウロコが落ちまくります。小学校や中学校で図書館の本を全部読んだことを思い出しました。

前日、徹夜で麻雀をした時は、みんなで保健室に入って調子が悪いと訴えたら、保健室の女性がにっこり笑って「何時に起こしたらいいの？」とベッドで休ませてくれたこともありました。麻雀だとわかっていたのでしょう。「12時にお願いします」と言って午前中はずっと寝ていました。

従業員が少ない銀行なので、みんなが好きなことをやっていたのですが、それはしっかり成果を出すから許されることでした。

日本生命に戻ってMOF担になった頃、ちょうど金融制度改革[*2]が始まり、興銀時代の経験と知識がとても役に立ちました。日本生命は保険営業中心の会社でしたから、

＊2——1985年から始まった改革で、金融市場の活力を取り戻すため、フリー（市場原理が働く自由な市場）、フェア（透明で信頼できる市場）、グローバル（国際的で時代を先取りする市場）という3つの原則をもとに進められた。これにより銀行が投資信託の窓口販売を導入、インターネット証券会社の新規参入などが認められた。

金融部門にはごく少数の人員しかいなくて、社内では僕より金融制度全般に詳しい人がおそらくいなかったのです。

僕は金融制度改革に続く保険業法の改正にあたっては、日本生命という一企業ではなく、生命保険業界全体として大蔵省や日本銀行と交渉する必要性を感じたので、生命保険協会の中に財務企画専門委員会という組織を新しく作って委員長に就任し、業界のMOF担という立場で仕事をするようになりました。社内では一介の課長にすぎませんでしたが、いわゆる特命担当です。直属の上司は生命保険協会の財務委員長である日本生命の副社長でした。

MOF担が僕に向いていたのは、大蔵省などに直行する日が多くて勤務管理を免れていたことです。いわば放し飼いでした。成果さえ上げれば文句を言う人はいないので、のびのびと仕事ができました。

だけどこれも全部、運だと思います。興銀に出向したのも、その直後に金融制度改革が始まったのもたまたまの巡り合わせだったのではないでしょうか。

ロンドンの現地法人へ

保険業法改正の目途が立ったので、13年務めたMOF担から放免され、43歳の時に、ロンドンの現地法人の社長に就任しました。仕事は証券投資とソヴリン（国家）に対する金貸しです。3年間で2000億円くらいのお金をソヴリンに貸し付けました。

ロンドンで3年働いて帰国して国際業務部長になりました。同期の中で部長になったのは一番早かったと思います。でもそれは成果を上げていただけの話で、その成果もほとんどは運によるものです。

僕はもう自分は余生だと思っていたので、会社にも仕事にも人生のすべてを懸けるといった心境になったことは一度もありませんでした。僕にとっては、面白い仕事かどうか。それ以外の価値観は興味がなかったのです。

新しい仕事は日本生命の国際部門のトップで、世界に進出する戦略を考える立場でした。当時から少子化が進んでいましたから、僕は2020年には、日本生命は売り上げと利益の最低2割は海外から得なくてはならない。そのためにはどうすればいいかというプランを役員会に出して国際化を進めようと考えました。「トリプル20」プランです。

事前に役員に説明に行くとみんなピンとこないのです。「出口くん、２０２０年というけれど、その時にはもう僕は、死んでいるよ」と。「そんな先の話を役員会に出しても」と言われたりもしました。１９９６年の話です。

「国際化は、それぐらい腹を決めてやらないとできません」と話したら、社長だけが「出口くんのいう通りや」と応援してくれて役員会は通ったのです。

ところが社長が代わったら、バブルが崩壊したことも重なったのですが、「国際化はやめよう」という話になり、僕と衝突しました。こんな大変な時に、世界に出ていくなどと夢のようなことをいっている場合じゃないと。経費を節減して国内営業にひたすら突き進むんやと。

でもそれは、社長の見方と僕の見方が違っただけの話です。えらい近視眼的やなとは思いましたが、自分が理不尽な目にあっているとは思いませんでした。

先輩や友人は社長に詫びを入れろとか、せっかくここまで第一線で来て、キャリアを棒に振ることはないやろなどと忠告してくれましたが、僕は腹の底から日本生命は国際化しないと生きていけないと思っていたので、意見を変えて、やっぱり社長の言う通りです、国際化なんかやめましょうとは言えませんでした。

これも運やなと。考えてみたら、入社してから今まではずっとラッキーだったけれど、その分ここでたまたまアンラッキーにあったんだとあきらめました。

そんなことで落ち込んでいても仕方がありません。たまたま僕の考えていることを理解できない人が社長になったというだけの話ですから。

だけど、他にやりたいことが別にあるわけでもないし、何に向いているかもわからなかったので、会社には残りました。

その後、僕は日本生命の関係会社であるビル管理会社に出向することになりました。55歳の時でした。暇になれば本を読む時間も増えるし、海外にも行けるし、友達にも会えます。それもラッキーやなと思っていました。

まずはリアリズムを身につける

僕は川がどこに流れ着いてもまずあきらめて、それをモチベーションにして仕事をやってきたと述べましたが、あきらめなければ最後には勝つという人もいます。本当でしょうか。あきらめないで努力をし続けたら、ウサイン・ボルトに勝てるのかといったら、どう考えてもそれは無理でしょう。誰にでもわかることです。

どんなことでも例外はあって、続けていたら、たまたまうまくいくこともあります。マラソンで金メダルを取った選手を例に、あきらめなければいつかは夢が叶うんじゃないかと考える人もいます。

でも、その選手の事例はエピソードです。その一人がたまたまうまくいっただけで、努力と結果をつなげるエビデンスはありません。

同じ努力を重ねて、たとえば7割以上の人が同じ結果になるなら、そのやり方には科学的根拠があるといえるのですが、ほんの数人だとしたら、あきらめないで努力すればうまくいくとは、到底いえないと思います。

例外的なエピソードを持ち出して、うまくいった人もいるからあきらめるなといい出したらキリがありません。確率を無視してでも、自分はこれが好きだからやる、と思うのなら気が済むまでやればいいのです。やってみなければわからないことも山ほどありますから。

しかし、たいていの場合、人間は、自分を高く見積もりすぎています。がんばれば、何でもできるとついつい思い込んでしまう。だから最初に、できることとできないことをきちんと仕分けして、できることはあきらめない。できないことはあきらめる。できないことに執着すれば、時間と労力とお金をムダにしてしまいます。

自分は社長になれそうにない、取締役すら無理やと嘆く人もいますが、確率で考えてみてください。

会社の同期が毎年100人いたとします。社長は5年で交代する、つまり5年に1人社長になれる人がいるとしたら、499人はなれずに左遷されます。これがリアリズムです。こういう現実を理解する能力がないから、夢を見てしまって、自分はまだまだいけると思ったりするのです。

数字、ファクト、ロジックで考える、あるいはエビデンス、サイエンス、専門家の知見をベースに考えるといった当たり前の訓練ができていないだけの話です。そうやって情緒的に流されてしまうと正しい判断ができなくなります。

だから、若い皆さんにはまずリアリズムを身につけてほしいと思います。フランスの作家ロマン・ロランは「人間にとって真の勇気はたった一つである。あるがままの世界を認め、それを受け入れることである」という趣旨の名言を残しています。

自分にできることはこのくらいやと早くあきらめて、そこでまずやってみるしかありません。人生には、実際にやってみなければわからないことが山ほどあります。社長になりたいと思っても、500人に1人しかなれないとしたら、これは宝くじ並みに難しいということがすぐにわかります。

その組織の中で生きていくことに不満があるなら、取るべき方法は、2つです。違う仕事、会社を探すか、あきらめてゴマをするか。他に方法はありません。

だから僕は現状に不満のある人にはよく、「今すぐいくつかの求人会社に登録してください」とアドバイスをしています。辞めるべきか留まるべきかと迷うだけ時間のムダなので、まず登録して、求人の話が来たら聞いてみて、それから判断したほうがはるかに選択肢が広がると思います。

僕の友人のちきりんさんは、「『愚痴を言う』、『他人を嫉《ねた》む』、『誰かに評価して欲しいと願う』……人生を無駄にしたければ、この3つをどうぞ」とツイートしています。これを見て、僕の思っていたことをこんなにうまく言語化してくれる人がいると、うれしくなりました。

働く人に伝えたいこと

流れのままに起業、転職

縁があって新しいビジネスモデルの生命保険会社を立ち上げることになり、日本生命を退職しました。ライフネット生命が開業したのは2008年、還暦を超えた60歳の時でした。僕は社長に就任しました。そして2012年には上場しました。

ライフネット生命は、僕が準備を積み重ねて構想したプロジェクトではありません。友人の紹介でお会いした、あすかアセットマネジメント（当時）の谷家衛《たにやまもる》さんから「一緒に保険会社を作りましょう」と誘ってもらったことがきっかけです。

谷家さんがとても感じのいい人だったので、その場で「はい」と即答してしまったのです。そこから準備を始め、戦後初の独立系生保をゼロから立ち上げました。

僕は数字、ファクト、ロジックを大切にしていますが、この時は直観でした。「うまくいく」という見通しがあったわけではありません。「はい」と即答した以上、やるしかない、これも運命やな、と川の流れに従いました。ベンチャーの起業に興味のある皆さんは、拙著『直球勝負の会社―日本発！ベンチャー生保の起業物語』（ダイヤモンド社）をお読みください。

ＡＰＵの学長になったのもそうです。古希でライフネット生命の役員を退いたちょうどその年にＡＰＵが日本で初の学長国際公募を行なっていて、僕が候補者の一人に推挙されていると知らされたのですが、僕は博士の学位などの公募要件をほとんど満たしていませんでしたから、選ばれるはずがないと思いました。でも、面白そうだなと思ったのでインタビューは受けてみようと。そして２回、インタビューを受けました。

しばらく時間を置いて「決まりました」という連絡をもらいました。仰天しましたが、これも川の流れやな、という気持ちで受け入れました。

僕の考え方はおそらく、ギリシャ哲学の流れに位置するストア派に近いと思います。ストア派とは「悠久の流れの中で我々は生まれてきたのだから、与えられた人生を堂々と生きていけばよい」という思想です。

つまり率直に運命を受け入れて、そこで頑張る。自分の置かれた状況や境遇に文句を言わない。人間の人生に浮き沈みがあることは、歴史を見ていれば誰にでもわかる話です。

APUの学長にまさか選ばれるとは思っていませんでしたが、選ばれたら、インタビューを受けた以上はもう逃げられません。大学で仕事をした経験のない人間を選んでくれたのも運命のいたずらによるものでしょう。

あきらめて流れ着いた大学という世界で、あきらめて精一杯仕事をしようというのが僕のモチベーションになりました。選ばれた日の夜には、初めて教育基本法を読み込みました。教育の世界は奥が深いので、今でも「人・本・旅（他大学の視察など）」で一所懸命学んでいます。

応援してくれる人は2割程度

「2対6対2の法則」というのがあります。働きアリを見ていると、ものすごくよく働くアリは2割、普通に働くアリが6割で、あとの2割は怠けていてほとんど働かない。これはいろんなことにあてはめられる法則だと思っています。

たとえば僕がAPUで仕事をしていて、応援してくれる人が2割、そこそこやなと様子見している人が6割、変な学長やなと思っている人が2割だと思っています。人の反応を気にしすぎている人はこの法則を知らないのではないでしょうか。

管理職になり、自分は寝る時間も惜しんで必死でやっているのに、部下がついてこないと愚痴る人がいるのですが、全員がついてくるはずがありません。20世紀の歴史でも、全員がついてきたリーダーは、アドルフ・ヒトラーとヨシフ・スターリンくらいしかいません。それは恐怖政治と呼ばれています。

つまり、自分が頑張って一所懸命やっているからみんながついてくるという考え方そのものが傲慢で、リアリズムに欠けているのです。

生物学の研究では、全員がリーダーについていったら、リーダーが誤った判断をした時に群れ全体が滅んでしまいますから、2割くらいは必ず言うことを聞かないグループがいるようになっているという結果が出ているそうです。

2対6対2という割合については、それほど厳密ではないと思いますが、とにかく全員一致はありえないと心に留めておくといいと思います。

若者が起業しないのは大人がやらないから

今、多くの大学がやっている就活指導は、現在ある会社や役所にスムーズに入れるような指導です。でも、大学院に行きたい学生や起業したい学生もいます。

APUでは、学長室に相談に来る学生の中でベンチャーやNPOを起こしたいという学生がたくさんいたので、学長直轄プロジェクトの一つとしてAPU起業部、通称「出口塾」を発足させました。

日本の若者はなかなか起業しないといわれていますが、それは大人が起業しないからです。大人が臆病でリスクを取らなかったら、若者がやるはずがないでしょう。若者の問題ではなくて大人の問題だと思います。若者は大人を映す鏡なのです。

APU起業部ができてから1年間で4つの事業が立ち上がりました。やはりやる気があったらできるのですね。学生の潜在能力はすごく高いですから。もちろん全部が全部、成功するわけではありません。ほとんどの場合、初めは失敗するに決まっています。

たとえば、合コンだって最初から成功する人は少ないでしょう。声をかけようとしてもうまくいかなかったり、メアドやラインを交換できなかったりするでしょう。失敗して初めて、これではあかんと気がつくのです。

リアルで失敗する場面を見たことがない、大人たちが失敗するところを見せない社会をつくっているということを反省しないといけません。

「起業する学生の特徴は？」と聞かれることがあるのですが、特徴はありません。車の運転が好きな学生と、料理を作るのが好きな学生は違います。一般論でいえば、何事も自分で決めて自分でやることが楽しいと思うタイプの学生なら起業に向いているでしょう。

うまくいくのは、現実をしっかり認識できる学生です。そういう学生は、起業に限らず何をやってもうまくいきます。

歴史的に見て、新しいものが生まれやすいのは多様な社会です。ＡＰＵでは90を超える国や地域の学生が学んでいます。起業したいと考える学生が多いことは、そんな環境も影響しているのでしょう。

日本での性差別がいかに根深いか

僕が日本の性差別に興味を持つ大きなきっかけになったのは、ロンドンに赴任した時です。

日本で仕事をしていると、仕事帰りに仲間と女性がいるスナックなどの店に飲みに行くことがあったのですが、そもそもロンドンには女性が男性を接待する場所がなかったのです。第一、仕事帰りに男同士で出かけたりはしません。

日本が典型的な男社会で、男は仕事、女は家で男をケアするという、この歪んだ構造の延長線上に女性がいる店があるのだと気がつきました。仕事で疲れたおじさんを店のお姉さんたちが慰めてくれる。これは男女の性分業を商売に投影しているだけです。

考えてみれば、興銀でも、各部署には、必ずコピーをとったりしてくれるアシスタントの女性行員がいました。その頃は気がついていなかったのですが、あれも性分業を投影した姿だったと思います。

APUには元気な女子学生がたくさんいますが、僕は全世界的に見ても女性のほうがしっかりしていると思います。日本は、社会全体が男尊女卑の意識が強すぎて、今も頭では平等に接しようと思っていても、いろんな場面で偏った見方をするケースが本当に多い。

その一つが、男と女は違うけれど平等だという考え方（異質平等論）です。一見進歩的なようですが、これは性差を前提にしています。でも、性差よりはるかに個人差のほうが大きい。男女の差がファクトとしてあるのは、骨格や筋力の違いだけです。加えて、異質平等論だとＬＧＢＴＱ[*3]の入り込む余地がありません。

日本の性差別が、いかに根が深くて社会の進歩を押し止《とど》めているか、女性にとって生きにくい社会をつくっているかということをもっとみんなが真剣に考えるべきです。「121位ショック」は他人事《ひとごと》ではありません。

男と女である前に、まずお互い人間なので、人間として好きなことをやればいいと。何かをやりたい時に、おじさんたちのグループに近づいては媚《こび》を売ったり、自分もオス化したりしないとできないとしたら、そんな社会は潰さなければいけないと考えるべきです。自分の個性を殺さないとやりたいことがやれないのはおかしい。

そんな場合は、会社を辞めてもいいし、あるいは同志を集めて、会社を変えていくべきです。50人くらいの会社だったら、3人揃って社長のところに行って、これはおかしい、こう変えたいと主張して社長が腹おちすれば、会社はすぐに変わります。小さい会社のほうが変えやすいと思います。

日本の社会構造のせいで不幸になっている人がいるのだったら、どこに原因があるかをはっきりさせて、その原因をみんなで取り除いていかなくては、社会は変わりません。

社会一般の構想力が乏しい日本

ウイズコロナの時代にテレワークが普及し、市民や社会のITリテラシーは格段に高まりました。しかし、ポストコロナの時代に、日本はテレワークを活用して生産性

*3―レズビアン、ゲイ、バイセクシャル、トランスジェンダー、クィアまたはクエスチョニングの頭文字を組み合わせた、性的少数者を表す言葉の一つ。

を上げることができるでしょうか。

社長が「会社にはもう行かない」と言えば、テレワークがベースになるでしょうし、社長が「毎日出社する」と言ったら、おそらく元に戻るでしょう。

ポストコロナの世界が変わるか変わらないかはトップの見識次第です。もちろん社員同士で「テレワークを基準にしてください」とトップに迫ることもできます。

テレワークのいいところは、働く時間と働く場所の制約から自由になることです。加えて紙の使用も減ります。

利点がたくさんあり、社会を変えるインパクトを持っているのですが、実際に変われるかどうかは、リーダーがどう臨むかにかかっています。これをきっかけに生産性を上げることもできますが、元の社会に戻ってさらに世界から遅れていくのかもしれません。

現在の日本の問題点は、社会一般の構想力が乏しいことです。香港で自由を求める若者のデモがあった時に、香港の若者がかわいそうだと思うなら、日本は「5万人を無条件で受け入れます」ぐらいのことをいえばいいのですが、けしからんで終わってしまう。

香港の若者は、PISA（OECD〈経済協力開発機構〉生徒の学習到達度調査）の試験では日本よりもはるかに高い点数を取りますし、アジアの大学ベストテンには、香港の大学が3つ入っています。日本は東大だけです。

このデータから得られるシンプルな結論は、香港の若者は日本の若者より賢いのだから、日本に来てもらったら得だということです。

だけど、こういう当たり前のことを考える構想力がありません。そういう意味では、日本にはインテリ層がいないのではないかと思ってしまいます。

一流大学を出て、大企業に入ればインテリだと思っているかもしれないですが、滅私奉公して遅くまで飲みニケーションをして、家に帰ってきたら「飯、風呂、寝る」では勉強する時間がありません。当然、構想力もつかなければ、戦略的な思考もできなくなります。

コロナウイルスは、人間を介して移動するわけですから、ワクチンや治療薬ができるまではステイホーム以外の方法はありません。ステイホームをベースにして感染が下火になったらニューノーマルで、すなわち、手洗い、マスク、ソーシャルディスタンシングで街に出て行き、感染が再燃したらまたステイホームに戻る。

つまりウィズコロナの時代は、ステイホームとニューノーマルを行ったり来たりする以外の方法はないのです。これに対してポストコロナの時代は、ワクチンや薬ができて、コロナはインフルエンザ並みの感染症になるわけですから、原則としてステイホームもニューノーマルも必要がなくなります。しかし、メディアはステイホームやニューノーマルがまるで永続するかのように報じています。

社会一般の構想力や問題整理能力がガタガタに落ちているのです。ウィズコロナとポストコロナ、時間軸を分けて考えなければいけないことは世界の常識です。

だから、働いている人には、せめて自分でそのことに気がついてほしいと思います。僕の仕事を振り返れば、興銀に行ったり、ロンドンに行ったりして、異質の世界にぶつかったことがものすごく学びになりました。

学び続けることは、働くための武器になります。知識は力です。

第5章 幸せに働くためにどう学ぶのか

好きなことではお金にならない

流れ着いた仕事でやってきた私たち

上野　出口さんは、新卒で日本生命に就職して組織のトップを目指そうとは思わなかったんですか？

出口　トップになることにはまるで興味がわきませんでした。何より会社そのものも友人に連れられてフラフラと受けに行っただけで、何をしている会社かも詳しくは知りませんでした。

上野　でもあの当時、生保は大学生の人気企業上位だったでしょう。

出口　相対的に人気ランキングは高かったと思います。

上野　それを「フラフラと成り行きで」とおっしゃる。

出口 当時はオイルショック前の高度成長期でしたから、完全な売り手市場でした。内定をもらうと先輩がステーキを奢《おご》ってくれるので、10も20も内定を取る学生もいました。

上野 それは男子学生限定ですね。当時の女子学生には行き場がありませんでした。

出口 司法試験に落ちて、訳のわからないまま日本生命に入ったのは、他に行くところがなかったからです。

好きでもなんでもない仕事でしたが、「給与分だけの仕事をしなければいけない」という気持ちはありました。それがモチベーションの一つの源泉だった気がします。

上野 私が教壇に立ったのは京都の私大でした。短大から異動した私立の四大（四年生大学）は新設学部でしたから、完成年度まで4年間、私学助成金がびた一文《いちもん》出ません。目の前にいる学生たちが払っている学費が私の給料の原資だと切実に感じました。

彼らが1年間に払う学費と授業数で割って授業単価がいくらになるかを計算したら、90年代の初めで、５０００円でした。その時にゾッとしたんです。私は、

1回5000円の値打ちがある授業をやっているだろうかと。その時、とにかくお給料分はしっかり働こうと思いました。

出口 僕も「せめて給与分の仕事はしよう、同期の平均よりは頑張ろう」くらいの気持ちで社会人生活を始めましたが、どうせなら面白くしようと思って、どうやったら面白くできるかを考えました。それは僕自身何が好きなのか、自分が何に向いているかがわからなかったからです。

だから僕は、偶然の出会いで、仕事を決めてええんやでと。やりたいことや好きなことは、一生かかって見つければええんやから、焦らんでもええでと、学生にはいつも話しています。

上野 全く同感です。18歳ぐらいでやりたいことがあるほうが珍しい。出口さんは、さらに成り行きでAPUの学長になったとおっしゃいましたが、私も「流されて生きてきました」と言っています。

「どうやって東大の教師になったんですか？」と聞かれますが、自分から志願したわけではありません。先方からお声がかかったんです。

出口 自分が明確にやりたいことがないなら、川の流れ着いたところで平均以上に頑張ればそれでいいと。あきらめ、つまり他に道がないことをリアルに認識すれば、それがモチベーションになるのです。

ただ理想をいえば、やっぱり本当にやりたいことがあって、それで食べていくのが一番の人生だという気もします。僕にはできなかったのですが。

頑張っていても不遇な時代はやってくる

上野 出口さんは、50代は不遇な時代だったんですね。子会社に出向という「左遷」扱いで。
出口 40代後半からは世間的に見れば不遇でした。
上野 それがなければ、ライフネット生命を起業するという一念発起もありませんでしたか？
出口 順調にいっていれば、日本生命の役員になり、定年後は関係会社の役員になってのんびり暮らしていた可能性が全くなかったわけではないでしょうね。
上野 そうしたらこんなにたくさん本も書かなかった。

出口 おそらく一冊も書いていないでしょう。

上野 不遇になったのは、社内の権力闘争に負けたからですか？

出口 僕が45歳で国際業務部長になった2年後に社長が代わりました。新しい社長はバブルが崩壊したので海外展開をやめると宣言したのです。国内で手一杯だから海外で無駄なことをしている余裕はないと。僕は海外戦略を考える立場にあったので、社長に直訴《じきそ》しました。これから人口が減っていく国内だけで戦うと、この会社は縮んでいく以外はありませんと。すると社長は、他の保険会社のシェアを奪えば大丈夫だと。業界トップの日本生命がそんなことを始めていたら、業界も日本生命自身もどんどん沈下していきます。海外展開は先行投資でもあるのです。予算５０００億円の大会社で、海外展開に必要な5億円から数十、数百億円程度の投資ができないはずはないと主張したのが発端です。

上野 大企業病ですね。

出口 顧客から集めた大切なお金を君は何だと思っているんだと。でも経営全体から見れば、そのお金は何パーセントですかと。それがすべてです。

上野　私も40代後半から学内の主流派から外れていることをリアルに感じました。東京大学では評議員や理事という役職につく執行部コースがあるのですが、そこは東大出身者が中心です。私は違いますから。東大初の高卒教授の安藤忠雄さん、東大初の在日韓国人教授の姜尚中さん、東大初の札付きフェミニスト教授が私。東大はこういう人材を話題作りにうまく使いますが、どの人も執行部コースからは外れています。

出口　PRにずいぶん貢献されているのにもかかわらずですか。

上野　学内の要職にはつきません。でもそのおかげで50代はものすごく仕事ができました。その一つが福祉、主に高齢者のケアの研究でした。

当時私は、50代ってどういう年齢だろうと考えたんです。サラリーマンだと社内政治でほぼ決着がついていて、勝ち組と負け組に分かれます。勝ち組ならいいかというとそうでもない。地位と名声はあってもクリエイティビティは下がりますから。これはけっこう厳しそうだと思ったんです。

若い時に自分が書いた本を読み直していると、一瞬でも自分の実力を超えていると思える部分がありますが、この年齢ではもう無理です。研究者もオリジナリティとクリエイティビティで勝負しています。会社員でいえば、生産性とクリエイティビティでしょうか。

出口 そうですね。

知らない分野、フィールドを変えてみる

上野 研究者の場合、オリジナリティやクリエイティビティが落ちてくると、自己模倣が始まるんです。そのことに若い頃から気づいていました。ずっと追いかけていた著者の本が、ある時ぱたっと面白くなくなる。もうこれ以上読まなくてもいいや、という気分になる。私は自分が厳しい読者でしたから、自分がもしその立場になったら、という恐怖心がずっとありました。

出口 それでフィールドを変えられたわけですね。

上野 その状況をどうやって打開するかと考えた時に、自分が全く知らない分野に行こうと。これが福祉だったんです。

入ってみて仰天しました。社会福祉学という学問は社会学とは全く似て非なる学問で、魑魅魍魎《ちみもうりょう》の世界。許認可の利権があって、巨大なお金が動く業界でした。だけど、見るもの聞くもの新しくて。

出口 想像以上に刺激のある世界だったわけですね。

上野 全くの未知の世界でした。私はそれまでも3割打者くらいではあったので、別の業界に来たとしてもそれくらいのレベルには行かないと思い、必死で勉強しました。

50代ってそういう時期だと思うんです。出口さんがライフネット生命を立ち上げたのは60代になってからですね。私と出口さんの転機の迎え方で違うのは、出口さんは、自分がよく知っている業界で新たに事業を始めたこと。

出口 生命保険は会計制度も独特で、首相の認可事業ですから技術的なノウハウも必要で、日本生命での経験が役に立ちました。でもたまたま機会に恵まれたからです。

新たに何かを始める時には、よく知っているところでチャレンジするのもいいし、全く違うところに行くのもありだと思います。

上野　結果として出口さんは両方経験なさいましたね。次は今まで全く知らなかった教育業界にも入られました。

出口　どちらも面白いと思っています。

「好き」は仕事にできるのか？

上野　私は自分自身の経験から「好きを仕事に」というのは学生に対してミスリーディングな指導だと思っています。好きを仕事にしたい人はリスク込みでやっているわけで、万人にはお勧めできません。

学生にいつも言うのが、「好きなことはお金にならない」ということ。私自身、女性学はまるでお金になりそうにない学問でしたが、それでも続けてきました。学生には「お金にならなくてもやることを好きなことというんだ」と言っています。

お金になるとは、他人があなたにお金を払ってくれるということ。だから人の役に立つことを身につけましょうと。

出口 僕もそうでしたから、異論はありませんが、やりたいことや自分が好きなことがあってチャレンジできたら、それはそれで幸せだと思うのです。

好きだからこそ必死でマネタイズ（収益化）する方法も考えられる気がします。

自分にはこれしかできないんだから、なんとかマネタイズしようという発想もあるのではないでしょうか。甘いですか？

上野 それができる人もいます。でも、誰に頼まれなくてもお金にならなくてもやることを好きなことと呼ぶんです。だから順番が逆なんです。出口さんは、小説を書くことをあきらめたとおっしゃっていましたね？

出口 やってみたい気持ちはありましたが、そんなに熱意はなかったのです。10回以上は応募したと思いますが、全くかすりもしませんでした。それで自分は才能がないんだと思ってあきらめました。中学生の時です。

本当にやりたいことも自分の適性もわかりませんでした。

上野 それが普通だと思います。社会学の研究をする大学院生は、自分の好きなことを研究テーマにできますから、たとえばＢＬの研究をテーマに選ぶ学生もいます。

出口　ＢＬ？

上野　ボーイズラブです。男性同士の恋愛。

出口　なるほど。

上野　私はそんなふうに自分の好きなことをするのを「極道」と呼んでいます。その子たちが就職先がないと泣きついてきた時、「誰があなたにそれをやれと頼んだか？　誰にも頼まれずに自分が好きでやっていることは、手応え自体が報酬なんだから、食える、食えないで文句を言うな」と言ってきました。

出口　やりたいことがあるんだったら、ちゃんと自分で食える道を考えろということですね。

上野　その通りです。

出口　究極的にいえば、どんな仕事もサービス業ですよね。

上野　そうです。

出口　誰かにサービスをして、その対価をもらってご飯を食べているのだとしたら、誰がお金を払ってくれるのか、それにふさわしいサービスをやっているかどうかを見極めることが、あらゆる仕事の基本です。

上野 私自身、教師になりたくてなったというわけではありません。他に選択肢がなかったからです。なにしろ大学の教師には教員免許がなくてもなれますから。他方、私にとって女性学の研究は、お金をもらわなくてもやりたいものでした。

置かれた場所で咲くということ

上野 脱サラして独立した仕事仲間から、「教師なんて退屈でしょう。独立したら？」と言われたこともありました。私自身、何度か考えたことはあります。だけど思い留まりました。

独立した人たちを観察していてわかったのは、第一に仕事が選べなくなる。第二に仕事が荒れる。クオリティが下がるんです。それで私は、自分の食いぶちを稼ぐ最低限の保証は手放さないでおこうと思いました。

出口 セーフティネットをまず自分で確保されたのですね。

上野 だからいわゆる「でもしか」教師ですが、どうせやるなら楽しまなきゃ損だというのと、学費に見合うものはちゃんと学生に返そうと思ったんです。やってみたら人間相手ですから、面白い仕事でした。

出口　僕も好きなことを仕事にしたわけではありません。ですから「好きな仕事はなかなか見つからへんで」と。偶然の出会いで仕事を決めていいと思うのです。「自分で仕事を面白くしていく中で好きなことを見つけていくんだよ」と学生には話しています。

ただ一つ思うのは、我慢できないほど仕事が嫌なら飛び出せばいいということです。とりあえず置かれた場所でやってみて、自分には向いていないと思ったら、さっさと辞めて次の仕事を見つければいい。そこで我慢してしまったら、人生は不幸です。

学び続け、自分を育てる

個性尊重というのが本気ならば

上野　企業の採用試験に、学生たちは同じようなリクルートスーツを着てきますが、バブルの前後では、一時期自由化したこともありました。あの傾向が続くかと思ったら、続きませんでしたね。

面白い逸話があって、ある会社の面接会場で担当者が「今日は暑いからどうぞ自由に上着を脱いでください」と言うから、何人かの学生が脱いだところ、「いま脱いだ人は出て行ってください」と。そこから選考が始まっていたということなのですが。

出口　あまりにも話ができすぎていて逆に嘘っぽいような気がしますね。

上野　それが事実なら、この会社もうダメだろうと思いました。
出口　はい。絶対、そうでしょうね。
上野　今はまた少しずつ個性尊重の動きもありますが、もし本気なら、企業はリクルートスーツを着てくるなというぐらいのことをやれと。
出口　三井住友銀行は制服をやめて、セーターにジーンズで勤務してもいいと。
上野　社員になったら、ですよね？
出口　そうです。だから、三井住友銀行は、就職試験にスーツを着てきたら、「はい、出て行ってください」と言えばいいのです。それぐらい徹底してほしいですよね。
上野　そのぐらい変化が見えることをやれば、採用もずいぶんと変わるでしょうし、個々のパフォーマンスも変わるでしょう。
出口　ある就職情報関連企業の人は、採用面談の成績と入社後のパフォーマンスを調べたところ、何の相関関係もなかったと断言していました。
上野　つまり、採用側に人材を見抜く力量もないということですね。くじ引きでもよかったと。

出口　最近は企業も個性を重視し、多様な人材を採用したいといっていますが、「個性とは何ですか？」と問うと、「クリエイティビティのことですか？」と聞いてくる人がいます。

クリエイティビティはみんなに備わっているものではありません。個性を大事にするとは、顔が違うように、得意なことや能力は一人ひとり違うと認めることです。違って当たり前ですから。これからはクリエイティビティが大事だとみんながいいますが、全員にそれを求めたら、逆に個性ではなくなります。

自分の言葉で考える力を育てる

上野　そのためにはどんな選抜方式がいいでしょうか。

出口　企業の採用ではないのですが、APUでは立命館大学の教員が開発した「ロジカル・フラワー・チャート」を使った総合型選抜（世界を変える人材育成入試）を行なっています。自分で問いを立てて思考を深めながら小論文を書いてもらうのです。

あとは、自分が大学で何をしたいかをできるだけ尋ねるようにしています。やりたいことが特になくてもいいのですが、なぜ大学に行きたいのかをはっきり言える生徒を選ぼうとしているのです。

上野 ロジカルに物事を考える力は、大学だけではなく、働くようになればもっと必要になります。極論すれば、大学ではロジカルシンキングをしっかりと身につければ、あとはいらないくらいに思っているのです。

私はロジカルシンキングという言葉をあまり使いません。ロジックにそれほど信頼を持っていないからです。なぜかというと、ロジックはしばしばいかようにも作り変えられてきたから。理屈と膏薬《こうやく》はどこにでもつく、というくらいです。大切なのは、ロジカルシンキングというよりも、自分の頭で自分の言葉で考える力、これが一番大事ですね。

出口 そうですね。僕は自分の頭で自分の言葉で自分の考えたことや感じたことをきちんと表現できる能力、それをロジカルシンキングと呼んでいます。

上野 私はそれが人間としての幸せの条件だと思っています。

出口 十分条件のみならず必要条件でもあるのでしょうね。

企画書の作成から教える上野ゼミ

上野　正解が1つだけという学力試験で、正答率の高い子どもを選抜するのが東京大学ですが、幸か不幸か、私のゼミをわざわざ好き好んで選ぶアホな学生たちも若干名います。彼らは就職には明らかに不利なゼミを選んでいるんです。

出口　上野先生のゼミ生だったらまともな企業は喜んで採るでしょう。

上野　そんな甘い世の中ではありません。うちのゼミ生たちが面接に行って「上野先生のゼミです」と言うと、面接官が乗り出して、「上野先生ってどんな人?」と一瞬盛り上がるそうですが、それまで。採用には不利に決まっています。特に女子学生は、「ジェンダー研究をやりました」と言うと、潜在的トラブルメーカーと思われますから。

出口　企業にとっては、貴重な炭鉱のカナリアです。企業内部のセクハラやパワハラの気配を敏感に嗅ぎ取って知らせてくれるでしょうから。

上野　そう言っていただけるのはうれしいですね。

出口 上野ゼミ生を採用時に不利に扱う企業は、おそらく滅んでいく企業だと思います。上野ゼミでは、まず徹底して批判的思考を教えて、さらに上野先生流のリアリズムを教えてもらっているわけですから。

上野 彼らは社会人になったら、こんなに役に立つゼミはなかったと言っています。企画書の書き方から教えていますから。

出口 本もたくさん読むでしょう？

上野 はい、読ませます。

出口 しかも強制的に読まされるでしょう？

上野 もちろんです。

出口 それはある意味、理想的な学びの場であり、成長の場であると思います。大学だけで通用する知識ではなく、働くことに役立つ、広い意味での人生に役立つ学びになります。

上野 ありがとうございます。私は4年間で学生に教育付加価値をつけてあげようと思って、徹底的に勉強させました。私のゼミ生たちは、1週間が上野ゼミの日を中心に回ると言っていました。それが週に何コマもあるのが、アメリカの大学です。日本の大学生活はバイトとセットになっていますが、本気で勉強したら、バイトする暇なんかないはずです。

いい企業に入るため、いい大学に行く日本

上野 アメリカの大学教育が優れているといいますが、アイビーリーグの入学生たちを見ていると、能力は日本の銘柄大学の新入生と大して変わりません。そんなにずば抜けて優秀な人材はいません。

出口 人間は、単一種で全く一緒ですからね。

上野 はい。どこで差がつくかというと、4年間の教育付加価値です。やっぱり徹底的に勉強させますから。

出口 同感です。大学で勉強するかどうかの差だけだと思います。でもそれはなぜだと思われます?

上野 企業の採用側の人たちが望んでいないから、と出口さんはおっしゃっていますよね。

出口 はい。簡単にいえば、企業の採用基準に成績がないからです。僕は、日本の大学生が勉強しないのは100パーセント企業に責任があると思っています。ほとんどの学生にはそれほど高い志などはなくて、いい企業に入りたいから、いい大学に行くのです。いい企業に入るのに成績が関係ないとしたら、誰が勉強するかという話です。

上野 その通りです。

出口 だけど、もうすでに働いている人たちには、自分から進んで学んでくださいとお願いするしかありません。

上野 私も出口さんもずっと学び続けながら仕事をしてきました。ある意味、学生時代よりもっと勉強しました。

出口 上野さんも僕もたまたま今は教育の現場にいるわけですが、教育の目的を上野さんはどう考えられていますか？

上野 良い人生を送るためです。

出口 なぜ、良い人生を送るために教育がいるのでしょう？

上野 幸せになるためです。

出口 僕は教育には、2つの目的があると考えています。1つは武器を与えることだと。

上野 何と戦うための?

出口 社会で生きていくための武器です。18歳で選挙権を与えられますが、選挙がどういうものかがわからなければ、権利を上手に行使できません。投票率が低いのは、選挙の仕組みに対する本質的な理解が欠けているように思うのです。だから僕は、「生きるための武器」と呼んでいるのです。税金や社会保障などもどういう考え、原理原則で作られているのかを知らなければ、権利を行使できません。それを教えることが教育だと思っているのです。

上野 自分を守る武器ですね。

出口 はい。同時に権利を正しく行使するための武器でもあるのです。

上野 私は、社会常識は学校で学ばなくても、必要に迫られれば誰でも学べると思っています。学歴に関係なく。学校は社会常識を教える場所だといわれたら、ちょっと怖い。

出口 社会常識そのものではなく、基本的な事柄の原理や構造を教えるべきだと思うのです。本当に必要な骨格だけを知っているだけで、ずいぶん物事の理解は異なると思うのです。たとえば、消費税と所得税はどう違うのかとか。金融の知識も必要で、まともな知識があれば、生命保険のおばさんにセールスされても、高い保険料を払わなくて済むわけです。

上野 金融の知識、ＩＴの知識、情報教育、それから言語教育、英語教育もこれもすべて技能教育で、学ぼうと思えば誰でもいつでも学べる。それよりもっと基本的なことは、学ぶ力を身につけることです。

出口 そうです。でも根本的なことをわかっている人はとても少ないのです。もう一つはいくぶん情緒的ですが、人間と動物の違いはパスカルの言う「人間は考える葦《あし》である」に尽きると思っているのです。「幸せな人生って何？」と言えば、自分の頭で考えて自分の言葉で言いたいことを言って、機会があればチャレンジすることだと思います。考えることにも技術が必要で、考える型をきちんと教えてもらわなければ、本当の意味で考えることはできないと思うのです。それが、僕の言うロジカルシンキングです。

上野　きっと上野先生のゼミでは、徹底的に鍛えられますよね。これは一生続く宿題のようなものですが、教育の目的はその2つだと僕は定義しています。

出口　日本を変えるためには教育を変えることがすごく重要です。自ら学ぶことで変えていけるともいえます。

上野　社会も企業も変えていかなくてはなりませんね。

大学教育の問題点

出口　アメリカの大学生と日本の大学生は、入学時点ではそれほど違うわけではないと先ほど言いました。

日本の大学では、高等教育の教育付加価値をつけるノウハウを全く持たない教員たちが学生を、よく言うと放任主義、悪く言うと放し飼いにしているだけなんです。考えてみれば、私たちの時代の京都大学もそうでした。

上野　僕もあそこほどの放任主義は珍しいと思います。

出口　はい。私は、大学で教育を受けた記憶がありません。

出口　ゼミも半年ぐらい休んでいても先生は何も言わないとか。

上野　のどかな時代だったといえばそうですが。自分が教員になって海外の大学を経験して、高等教育のノウハウが日本の大学にはないと気がつきました。

出口　東大の卒業生がなぜ活躍しているかというと、東大に来た時点ですでに優秀だった学生たちが、そのまま優秀な社会人になったというだけです。

上野　京大の総長経験者の方が、京大生の英語の学力は入試時が一番高いと言っていました。

出口　そんなことを言われて、大学関係者は恥ずかしいと思わないのでしょうか。一番伸び盛りの年齢なのに。

以前、ある会合で「東大の秋入学を潰した」と得意げにおっしゃる先生がいたのです。その先生も、「入学試験を受けた時が学力のピークだ」とおっしゃっていました。「春入学ならピークに続けて大学の講義ができるけれど、秋入学だと学力が落ちていて指導が大変です」と大真面目に話されました。

その時思わず、「東大の授業ってその程度の起爆力しかないんですか」と尋ねようと思いました。他の大学の先生もいたので黙っていました。

上野　せいぜい受験教育の学力ピークのことですから、それからの教育の伸びしろとは別です。

出口　受験で身についたアカを半年くらいで落としてもらって、ゼロから始めてやろうと思うのが正しいのに。

上野　全く同感です。その人のやっている大学教育ってどんな質のものなんでしょう。

出口　4年間も国費を注ぎ込んで、学力を下げている大学に、存在意味はありません。企業が要求しないと学生は勉強するはずがないし、学生が勉強しなかったら先生も教える意欲がなくなるので、結局みんながサボるわけですよね。学力はつかない、先生の教える能力が低下する、その悪循環だと思います。

上野　日本とアメリカでは入学時点のクオリティは大して変わらないのに、4年間の教育付加価値が段違いですね。

出口　アメリカの大学生が必死に勉強するのは、勉強しなければ単位が取れないし、卒業できないからだけの話ですよね。単なるシステムの違いです。

上野　そうです。でもそんなシステムを作ろうと思ったら日本でも作れるでしょう。ところが、「教育付加価値」という言葉を聞いただけでアレルギーを起こすような人も大学にはいます。

出口　なぜですか？

上野　学校はビジネスじゃないんだと。大学はグローバル産業だと言っただけで、「産業とはけしからん」と言う人もいますから。

出口　良い教育をして、付加価値をつけて、学生を送り出すというプロセスのどこに、アレルギーが起こるのか僕には全く理解できません。

これからの学校教育

精神論ばかりで科学的な方法を研究しない日本

出口 企業が学生に専門性を求める動きも、少しずつですが出てきています。

上野 私は、人は得にならないことでも学びたい、それから自分の能力を伸ばしたいという意欲を持っていると思っています。
実際、自分が成長することに対して喜びを感じる姿を見てきました。私は学生たちに教育付加価値をつけてやりたいと思いながら指導してきたんです。伸び盛りの4年間、ここで学んで良かったと。

出口 それが上野ゼミですね。
日本では大学院も大事にされていません。労働市場もどちらかといえば院卒が

不利になるようなシステムで、それだと大学院で一所懸命、勉強しようという
インセンティブがそもそも起こらない。

上野 大学4年間のカリキュラムはそれなりに確立されていて、歴史も伝統もありますけど、大学院以上の教育の学位論文の書き方のノウハウやカリキュラムを持っているところが、ほとんどありません。大学院進学が就活に失敗したセカンドチョイスになっているのが実情です。

理系だと徒弟奉公でラボで一緒に作業する養成課程はありますが、人文社会系では、昔の芸人みたいに、師の背を見て盗めっていうように、指導というものはほぼない状態です。

出口 その通りだと思います。それは企業も同じなんです。人材を教育するマニュアルも何もない。そもそも真っ当なマネジメントが存在しないから人材育成もなあなあでやっているだけです。

日本の企業は「生産性を上げるためにはどうすればいいか?」という精神論を説くだけで、科学的な方法論を研究しようという姿勢が希薄《きはく》です。

上野 日本の教育は一般的には初等教育で成功し、高等教育で失敗したといわれます。

出口　その場合の初等教育成功の基準の1つは、PISAの学力テストではないでしょうか。

上野　私は、初等教育でも成功したとは少しも思えません。

出口　PISAによると、日本はG7の中では一番上のほうにいます。日本は教育に全然お金を使わないのに、PISAでこんなに高い結果が出ているのは、現場の先生がものすごく頑張っているということです。

上野　そうです。20人学級も実践できていないのに、20人学級を実現している諸外国よりもPISAの成績が高い。確かに教師のパフォーマンスが高いのでしょう。

出口　だから文科省が真っ先にやるべきことは、この先生方に感謝して待遇を上げることしかあらへんでと、話しています。

上野　まず20人学級を実行してほしいと思います。集団の中で個別指導することが必要ですが、教員が目配りできる範囲がそのくらいだというのは、世界共通の認識です。

日本のような40人を集団指導する軍隊式のカリキュラムではなく、子どもの育つ力、自発性を伸ばすような教育をやっている社会はたくさんあります。それを小学校からやったら、18歳になった時には、まるで違う人格ができあがるでしょう。
私は、東大で教えるようになった時、最初、小中高の間にこの子たちの自発性をどうやって潰してくれたんだと思いました。この学生たちを4年間でどう教育し直すかが私の職業的な課題でした。

上司の言うことを聞く部下からアイディアは生まれない

出口　「鉄は熱いうちに打て」という通り、幼児期に資金を投下したほうが、教育効果は、はるかに大きいのですよね。

上野　はい。エビデンスは揃っています。では、お金を投入してどんな教育をするのがいいでしょうか？　今の小学校のような集団主義的で画一的な教育を幼児期に広げてもらっても困ります。

出口　次のように説明すればいいでしょうか。僕は、学校教育は産業革命の帰結だと思っているのです。産業革命後は、均質な労働力が大量に必要になりました。

上野 工業社会はそうですね。

出口 産業革命によって学校が完成したと思っているのです。均質な労働力を大量に供給するために、一番効率がいいので学校がスタートしたと。

日本の例で説明すると、明治にネーションステートが完成して国民という意識が生まれるにつれ、権力側は、学校が生み出す均質な労働力は徴兵制の軍隊にも有効であることを発見しました。優秀な工場労働者はそのまま優秀な軍人になるのです。つまり、国民国家、ネーションステートの基盤は学校だったと思います。それで、徴兵制の軍隊はなくなったのに、いまだに学校はそのままの形で残っていると。

上野 学校は、近代の最後の遺物です。

出口 日本の学校については、東大の本田由紀先生が「水平的画一性」と「垂直的序列性」という2つの言葉で説明されていた記憶があります。

水平的画一性は右向け右式の教育、垂直的序列性は成績や偏差値によって生徒に序列をつけるやり方のことです。

第2章で、「偏差値」「素直さ」「我慢強さ」「協調性」「上司の言うことをよく聞く」という5要素の話をしましたが（133ページ）、我慢強ければブラック労働でも頑張りますし、文句を言わない、意見も言わない。協調性が高いということは自分の主張をしない。上司の言うことをよく聞くというのは上意下達《じょういかたつ》で、下から改革が起きない。この話を経営者にすると、「出口さんええやつやないですか」と言う人がいます。

上野 俺様の言うことを聞く可愛い部下、ですね。

出口 そうです。でもこんな集団からは絶対に新しいアイデアは生まれません。繰り返しになりますが、この5要素とは逆のことをやらなくてはいけない。

APUでは教職員の意識改革を行なっていて、「今ある企業や役所に勤めるだけの人間を育てていたら、日本の将来もうちの大学の将来もないで」と。新しいものを作ったり、世界に飛び出したりするような人を育てていこうと思っています。

次代を担う若者が、新しいものを作り出すのではなく、今ある会社や役所にしか行かないとしたら社会は進歩しません。

上野 そうですね。今ピークの企業に入ってどうするって。あとはピークから落ちるだけですから。

来《きた》るべき転職時代に備えて学び続ける

出口　就活メディアが社会人1年生に「あなたが入った企業は何年続くと思いますか？」というアンケートを取ったら、平均が18年ぐらいだったそうです。

上野　それは健全ですね。

出口　大企業でも20年続かないと思っているのです。

上野　企業の平均寿命は確か30年ちょっとです。

出口　さらに面白いのは、「あなたはこの会社で何年ぐらい勤めるつもりですか？」と尋ねたら、5年以内に再検討するというのが一番多かったのです。

上野　若者は変わってきているんですね。

出口　健全になってきています。

上野　企業の研修に呼ばれると、30代、40代の中堅どころの社員に向かって「今の会社があなたの定年まであると思う方は手を挙げてください」と言うんです。大体半々ぐらいですが、「定年まであると思わない人たちがいる企業は大丈夫です」と言っています。

出口 これからは、仕事をしながら学び続ける必要があるでしょうね。

上野 スポーツや音楽は優劣がくっきり出ますが、会社員はそこまで優劣が簡単に判定できません。私は、信頼の蓄積が大事だと言っています。

出口 知識も同じで、蓄積がポイントです。

上野 介護業界で非常に尊敬している研修のプロがいます。彼女と話した時、兵法には「戦略、戦術、戦闘」の3つがあって、戦略の間違いを戦術で補うことはできず、戦術の間違いを戦闘で補うことはできない。ところが、介護現場は戦略の間違いと、戦術の限界を現場の戦闘で保たせてきたと言ったら、深く納得してくれました。

出口 それはあります。介護現場だけではなく教育現場もそうだと思います。

上野 その人たちは本当に、制度の不備を愚痴ることなく仕事をしているのですが、「1つだけ要求するとしたら何ですか?」と聞いたんです。「劣悪な事業者が退出する仕組みが欲しい」と言っていました。

出口　それが日本の一番の問題です。介護業界だけではなく、産業界全般にいえることで、そうした劣悪な業者、いわゆるゾンビ企業が不景気を招いています。政府は、生産性が低く創意工夫もない劣悪な企業に、補助金や特定の融資を与えて生き延びさせています。

それで彼らが何をするかというと、安売り競争です。すると、他の企業も釣られて安売り競争に走ります。結局、みんなが苦しくなっていくというのが日本の構造不況の実態です。

劣悪な企業を市場から退出させて潰すことが必要なんです。最低賃金を上げて、適用拡大をやって、ゾンビ企業を潰していくことが大切です。今はそれができるのです。構造的な労働力不足なので、劣悪な企業を潰しても失業者は増えません。

上野　企業には、消費市場と労働市場と金融市場で健全な競争をしていただきたい。私と出口さんは2人ともリアリストなので、その点では一致しますね。

社会の多様性を促す留学生

出口 コロナ禍の今、APUは大変な危機を迎えています。学費を全部払った留学生の再入国がなかなかスムーズに運ばない。政府にも必死に働きかけて、2020年の8月5日からは在学生、10月からは新入生の入国が認められました。それでも飛行機もまだ十分には飛んでいませんから、まだ1000名を超える留学生が海外に留め置かれたままです。世界に先駆けて留学生を大事にすることは、APUのエゴだけではなく、国益にも資すると思うのです。

上野 それくらい政治判断でできるんじゃないでしょうか。

出口 たとえば香港には、アジアのトップテンに入る大学が3つもあるのですが、日本は東大1校しかありません。香港からいい学生をとってくるチャンスで、香港に置かれているグローバル企業のヘッドクオーターを日本に持ってくるチャンスでもあります。ところが、政府にはそういうことを戦略的に考えるセクションがないと。

上野　政治家に知恵はないんですか。

出口　ないと言っていました。

上野　日本語は世界で習得のコストが最も高い言語の一つです。おまけに書字が3種類、漢字、ひらがな、カタカナとあります。その話を外国の人にしたら「かわいそうな日本の子どもたち」と言われました。

出口　APUは、学生の半分、約3000人が外国人の留学生で、大半は秋に英語入試で入り、入学後に日本語を教えているのですが、一番しんどいのは漢字を覚えることです。

上野　そうですね。

出口　26のアルファベットだけで事足りる国から来た学生にとっては、カタカナひらがなだけでも100もある言語なんて想像できません。

上野　おまけに漢字の読み方が複数あって。

出口　全部違います。

上野　これだけ習得コストのかかる言語を自在に操る日本人は、よっぽど聡明で、できないことはないと言う人までいるぐらい。

出口 そう思います。

上野 留学生は、これだけの言語習得コストをかけて生活費コストも高い日本に来ているのに、学位の世界的な価値が低いと割に合いません。そういう学生たちにむしろ日本に対する反感を持たせて帰しているのが日本じゃないかと心配になることがあります。

出口 その通りです。15年ほど前の話になりますが、東大で留学生のお世話をしている女性が話していたのは、大学院生の就職は東大生でも6、7割ぐらいで、外国人だとさらに3、4割だと。

上野 留学生たちはみんな東大の大学院を卒業できる程度の日本語ができるのに、企業は採用してくれない。そうしたら国へ帰るしかありません。

出口 そうなんです。税金をかけて、日本にネガティブな感情を持った外国人をわざわざ作っているということになります。

上野 大学の評価は平たくいえば、卒業生がここの大学を出て良かったと思ってくれるかどうかがすべてです。

出口 全くその通りです。

出口　それから、高校生がその大学に行きたいと思うかどうか。この2つが本当にすべてだと僕は思っています。

上野　おっしゃる通り。私は自分の東大の同僚たちを見ていて、東大や国立大しか知らない生え抜きの人たちが多く、自分が教育サービス業者という自覚が足りないと思ってきました。

出口　前にも述べましたが、すべての仕事はサービス業です。

言語少国民の生き延びる道

上野　アメリカの大学教育をすべて肯定するつもりはないのですが、世界中から自費であれだけの留学生が集まって、自己投資をした人たちをアメリカ国内企業に吸収していくんですから、それは経済も伸びますよ。

出口　しかもたくさんベンチャーを起こす。シリコンバレーで生まれるユニコーンの大半には留学生が絡んでいます。世界のユニコーン企業500社のうち、アメリカのユニコーン企業が242社です。次が中国の119社。日本はわずかに

4社です（2020年11月27日の日本経済新聞朝刊参照）。コロナ禍でお世話になっているZoomは、1997年に中国人のエリック・ヤンがアメリカに渡ってゼロから創業したアメリカの企業です。

上野 そうです。それを日本でやらない理由がわからない。

出口 はい。僕もまったくわかりません。だからこそ、移民対策はチープレーバー（低賃金労働者）ではなく留学生から始めるべきだと思っているのです。

上野 高等教育がなぜグローバル産業かというと、学生と教員の国際移動のスピードがめちゃ速いからです。これに日本の大学は全く対応できていません。これなら日本の大学のグローバルランキングが落ちていくのは無理もない。

出口 同感です。

上野 ところが、アメリカのアイビーリーグの一部がついに、第二外国語の必修を外したそうです。言語少国民の私たちにとってバイリンガルはマストですから、この先、日本文学を英語で教える、というようなことも必要になります。だけど、英語しかできない人たちが増えれば、日本語能力があるというだけで、逆に言語少国民にプレミアムがつきます。アメリカがついにモノリンガルで英語で全部いけるという決断を下したのを聞いて、私は逆に、しめしめこれなら……と。

出口 日本にもチャンスがあると。

上野 はい。バイリンガルの言語少国民に生き延びる道はあると思いました。日本人のバイリンガル、トライリンガルにはこれまで以上にプレミアムがつくでしょう。

出口 APUでは原則としてすべての講義を日本語と英語で用意しています。留学生は英語入試で入ってきて、ほとんど英語の授業で単位を取りますが、124単位のうち16単位だけは日本語で取って卒業します。

上野 日本語クラスはあるんですか？

出口 あります。それだけではなくて、90を超える国や地域から学生を集めているので、「AP（アジア太平洋）言語」と呼んでいるのですが、外国語大学並みに語学の授業が多いのです。アジアを中心に6言語を教えています。中国語、韓国語、マレー・インドネシア語、タイ語、それからフィリピンのスペイン語、ベトナム語と。東京外国語大学を落ちた学生がAPUに来たりしています。

これも理由は簡単で、やっぱり多言語を学んで欲しい。言語は文化だと思っています。外国の優秀な学生は大体卒業時には3つか4つの言語を話せるようになります。母国語と英語と日本語に加えて、親友がベトナム人だったらベトナム語とか。

上野 なるほどね。それならアメリカのエリート大学に対抗できます。

出口 モノリンガルでは世界で活躍できない。要するにモノにはならない。マルチであればどこでも生き残れます。

上野 おっしゃる通りです。

学長の仕事は学びの連続

上野 APU一つ改革なさるのも大変だと思います。

出口 何しろ新参者ですから。APUに来る時、僕の友達から、「大学に注文つけて、1人ぐらい部下を連れて行ったほうがラクやで」と言われ「部下が1人いても

2人いても相手は何百人もいるんだから一緒やで」と思って1人でAPUにやって来たのですが、やはり大変は大変でした。

上野 そろそろ任期が？

出口 そうですね。2020年12月末で3年の任期が終わります。国際公募がルールですが、新学部創設など見届けたいことがあるので応募しました。

上野 次がどうなるか、予想はできないんですか？

出口 そもそも僕を選ぶような大学ですから選考結果がどうなるかはさっぱりわかりません。

上野 出口さんを学長にして、パブリシティ効果は抜群でしたね。APUのネームバリューが上がりました。

出口 そういうことを評価する先生方が多ければ、引き続きやってくれと言われるかもしれません。またやってくださいと言われたら、それはその時に考えればいいことです。

上野 根回しとか工作はなさらないんですか？

出口 全くしていません。だって根回しや工作は、ある程度知っている人がたくさんいるということが前提になるじゃないですか。でも選考委員が誰かも知りませんし、大学内にそれほど知っている人もたくさんはいないので。

上野 その執着の無さも出口さんらしい。でも3年やって大学行政に携わられてこんなに面白いもんだったか、とやりがいがあったのではないでしょうか。もうちょっとやらせてくれとは思われませんか？

出口 たとえば誰か一人が決めるのなら、やり残したことがあるのでもう1期やらしてくださいと頼むかもしれませんが、僕が選ばれた時も今回もほぼ無作為に近い形の選考委員会の多数派で選ぶので。

上野 改革の道半ばですからもうちょっと頑張って続けたいと、いろんなところで言い歩くという方法もあります。私は学生には、職が欲しければ「職を探してますと言い歩け」と言っています。

出口 そうですね。

上野 大学行政の面白さに目覚めたでしょう？　変な人たちの集まりで、世間の常識が通用しないし。

出口 難儀ですがなかなか面白いです。学ぶこともたくさんありました。もうちょっと社会常識を教えてあげたいです。

上野　続投してください。楽しみです。

出口　僕はいい加減な性格なので。たぶん本質は受動的な人間だと思います。選ばれたらその時に考えます。[*1]

上野　私も自分のことをそう思っています。誰も信じないけど。

出口　上野さんは能動的な方だと思います。

上野　いやいや、流されて生きてきましたって言ったじゃないですか。いろんな人にプロデュースされてきたんです。

出口　今日はありがとうございます。とても勉強になりました。

上野　すごく楽しかったです。お付き合いくださってありがとうございました。

＊1――2020年11月30日、APUは、次期学長に、国際公募の結果約70名の候補者の中から出口現学長が再任されたと発表した。

おわりに

出口さんと私は同じ頃に京都大学に在籍した。出口さんは学生運動に関わらなかったようだが、私は関わった。その後、出口さんは大企業に就職し、順調に会社員人生を歩んできた。50代になるまでは。

私は先の見通しもなく大学院に「モラトリアム入院」し、失業者同然の暮らしを30歳まで送った。その頃、人生を分けたのは、学生運動に関わったかどうかよりも、男か女か、の性別だったように思う。

まだ大学生がエリートだった時代。男子学生には分厚いリクルート冊子が届いたが、女子学生には縁がなかった。それどころか学生部の前の「求人票」の掲示板には、「男子のみ」「男子のみ」「男子のみ」……の連続で、まれに「女子若干名」があるくらいだった。就職する気のこれっぽっちもなかった私には関係なかったけれど。まだ雇用機会均等法ができる10年以上も前のことだ。
それでも食べていかなくてはならなかったから、働いた。
「上野さん、なぜ働き続けてきたんですか？」と聞かれたら、
「食べさせてくれる人がいなかったからです」と答えることにしている。
もちろん「食べさせてくれる人」がいれば幸せ、とは限らない。

働くことは生きることの基本のき。アルバイトや非常勤やいろんな仕事をしてきた。30歳になってようやく私立の女子短大に職を得て給料取りになった。毎月給料の入る生活がこんなにいいものか、とびっくりした。

私学の教員を経て、官学に転職した。まさかの国家公務員だった。お金を稼ぐことの苦労は身に沁みていたから、給料分の仕事はちゃんとしようと決めた。

その間にも、金になること、ならないことをずっと仲間たちとやってきた。二足のわらじも三足のわらじも履いてきたことは、精神衛生にはよかったと思う。嫌ならいつでも「会社」を辞められる、という気分になれたからだ。そのおかげで、定年前に繰り上げ退職し、その後の活動に軟着陸できた。

他方、出口さんは海外駐在も経験し、社内エリート街道を歩いてきたはずだったのに、

50代になって、梯子《はしご》を外された。それからが普通じゃない。

定年前に仲間と起業し、それを若手に譲り渡したあと、畑違いの大学経営に乗り出したが69歳の時だ。彼の著書『還暦からの底力』（講談社現代新書）は、何しろ実績に裏づけられているから、強い。

結果、出口さんも私も大学業界というところで教育に携わるという接点ができた。

大学は今、民間の力を導入しようとしている。企業人として生きてきた出口さんの経験は、大学にとっても出口さんにとってもプラスになるに違いない。私は大学の外でずっと社会活動やＮＰＯに関わってきた。大学の外の世界を知っていることは、私自身の研究にも教育にも大きく役立ってきた。

出口さんの経験も、私の経験も、ユニークすぎてロールモデルにはならないかもしれない。もう出口さんのような働き方や私のような経歴は、これからの人たちにはできないし、しなくて済むかもしれない。とりわけ女性にとっては、働く選択肢が、私たちの時代とは比べものにならないくらい拡がった。

その出口さんと私の、働き方観と教育観は驚くほど似ていた。どんな働き方が幸せか、どんな人材に育ってほしいか。これからの社会はどんな社会で、そこでどう生きていけばよいか。対談ゲラを読み返してみて、「その通り」とお互いに同感し合っているやり取りが多くて、驚いたくらいだ。

出口さんと私の組み合わせを仕組んだのは、祥伝社の沼口裕美さん。こういう仕掛け人がいなければ、本書は成立しなかった。ライターの今泉愛子さんは対談を的確にまとめてくださった。沼口さん、今泉さん、ありがとう。

働き方改革がもっと進めばいいし、企業も変わってほしい。政治も社会も変わってほしい。男性も重荷を背負わなくてよくなればいいし、女性ももっと自由に生きられるようになればよい。

出口さんと私の願いが届けばよいと、心から願っている。

２０２０年11月

上野千鶴子

出口治明　でぐち・はるあき

１９４８年、三重県生まれ。立命館アジア太平洋大学（ＡＰＵ）学長。京都大学法学部卒業後、１９７２年、日本生命保険相互会社に入社。２００６年に退社し、同年、ネットライフ企画株式会社を設立、２００８年にライフネット生命保険株式会社と商号変更し、社長に就任する。２０１２年、上場。社長、会長を10年務めた後、２０１８年より現職。訪れた世界の都市は１２００以上、これまでに読んだ本は１万冊に上る。著書に、『仕事に効く教養としての「世界史」Ⅰ・Ⅱ』（小社刊）、『人類５０００年史Ⅰ・Ⅱ・Ⅲ』（ちくま新書）、『「働き方」の教科書　人生とお金の基本』（新潮文庫）、『哲学と宗教全史』（ダイヤモンド社）、『全世界史　上・下』（新潮文庫）、共著に『明治維新とは何だったのか　世界史から考える』（小社刊）など多数。

上野千鶴子　うえの・ちづこ

１９４８年、富山県生まれ。社会学者。東京大学名誉教授。認定ＮＰＯ法人ウィメンズアクションネットワーク（ＷＡＮ）理事長。女性学、ジェンダー研究のパイオニア。現在は高齢者の介護とケアの問題についても研究している。京都大学大学院修了後、平安女学院短期大学助教授、京都精華大学助教授、メキシコ大学院大学客員教授、コロンビア大学客員教授などを歴任。１９９４年、『近代家族の成立と終焉』（岩波書店）でサントリー学芸賞受賞。２０１１年、朝日賞受賞。著書に、『家父長制と資本制』（岩波現代文庫）、『おひとりさまの老後』（文春文庫）、『女たちのサバイバル作戦』（文春新書）、共著に『上野先生、フェミニズムについてゼロから教えてください！』（大和書房）、『しがらみを捨ててこれからを楽しむ　人生のやめどき』（マガジンハウス）など多数。

あなたの会社《かいしゃ》、その働《はたら》き方《かた》は幸《しあわ》せですか？

令和3年1月10日　初版第1刷発行

著者　出口《でぐち》治明《はるあき》　上野《うえの》千鶴子《ちづこ》

発行者　辻《つじ》 浩明《ひろあき》

発行所　祥伝社《しょうでんしゃ》

〒101-8701　東京都千代田区神田神保町3-3

03（3265）2081〈販売部〉

03（3265）1084〈編集部〉

03（3265）3622〈業務部〉

印刷　萩原印刷

製本　ナショナル製本

ISBN978-4-396-61749-3 C0030

祥伝社のホームページ www.shodensha.co.jp